Su Princesa

Cartas de amor de tu Rey

Por Sheri Rose Shepherd

 Vida

La misión de Editorial Vida es ser la compañía líder en satisfacer las necesidades de las personas con recursos cuyo contenido glorifique al Señor Jesucristo y promueva principios bíblicos.

SU PRINCESA
Editorial Vida © 2006
501 Nelson Place, Nashville, TN 37214, Estados Unidos de América

Originally published in English under the title:
His Princess by Sheri Rose Shepherd
Copyright ©2004 Sheri Rose Shepherd
Published by Multnomah Books an imprint of The Crown Publishing
Group a division of Penguin Random House LLC
12265 Oracle Boulevard, Suite 200, Colorado Springs, Colorado
80921 USA
Design by Koechel Peterson & Assoc, Inc., Minneapolis, Minnesota

International rights contracted through:
Gospel Literature International
P.O. Box 4060, Ontario, California 91761 USA

This translation published by arrangement with
Multnomah Books, an imprint of The Crown Publishing Group,
a division of Penguin Random House LLC

Traducción y edición: Silvia Himitian
Edicción: Virginia Himitian de Griffioen
Adaptación diseño de cubierta: Grupo Nivel Uno, Inc.
Adaptación diseño de interior: Pablo Snyder & Co.

ISBN: 978-0-8297-4714-0

Categoría: RELIGIÓN / Vida cristiana / Intereses de la mujer

Impreso en China
Printed in China

22 23 24 25 26 ASD 30 29 28 27 26

ÍNDICE

«No me escogieron ustedes a mí,

sino que yo los escogí a ustedes».

JUAN 15:16

De Mi Corazón al Tuyo

HACE POCO VOLABA DE REGRESO A CASA después de hablar en un retiro de mujeres de un fin de semana. Me recliné en el asiento, exhausta, y comencé a reflexionar sobre aquellos últimos días pasados en la compañía de tan maravillosas mujeres. Nos reímos, lloramos, comimos demasiado y dormimos muy poco. Me sentí privilegiada por haber logrado que muchas de esas damas se sintieran lo suficientemente cómodas como para sacar a la luz algunos aspectos de sus vidas que muy pocas personas conocían.

Sentada en el avión, mirando las nubes debajo y el cielo arriba, desee desesperadamente que ocurriera un milagro en la vida de mis nuevas amigas. No podía evitar preguntarme si algo de lo que había dicho le serviría a Evelyn para recibir el aliento que necesitaba para comenzar de nuevo, si ayudaría a sanar el corazón de Joyce de las heridas del pasado, si le daría a Kim la capacidad de perdonar a aquellos que la habían lastimado, si le transmitiría a Jan la fortaleza para atravesar sus pruebas. A veces la vida es muy difícil de manejar. ¿Podría un fin de semana de verdad, transparencia y buena enseñanza proveerles lo que necesitaban para que el llamado de Dios fuera completo en sus vidas?

Comencé a reflexionar sobre mi propia experiencia y sobre los años que había perdido por no conocer el plan de Dios, su propósito, y el poder que estaba a mi disposición y podría haber reclamado. Lamenté las decisiones erradas que había tomado y que me llevaron por el camino de la destrucción propia hacia una vida llena de drogas, depresión y desórdenes alimentarios. En ese tiempo, en medio de mis desdichas, estaba convencida de que todo lo que necesitaba era bajar de peso para volverme bonita y gustarles a los demás. Aún después de superar mis adicciones y de haber perdido peso, me ví arrastrada por la codicia de dinero y de éxito, y por una desesperada necesidad de aprobación por parte de los demás. Aun el logro de haber desarrollado una carrera exitosa y de haber ganado concursos de belleza no me hacían sentir completa.

En medio de mi vacío interior y de mi sufrimiento, un matrimonio de misioneros me habló acerca de la preciosa y eterna corona que me ofrecía Dios. Supe que finalmente había hallado la respuesta a mi dolor cuando acepté el don de la vida eterna que el Señor me ofrecía; aunque me llevó años descubrir que podía alcanzar una verdadera liberación de mi pasado y conocer su llamado para mi vida. Hoy soy una nueva criatura y he dejado mi pasado en el lugar que le pertenece: la cruz.

El avión me condujo con toda seguridad a casa después de aquel fin de semana, pero mi corazón estaba dolido por las innumerables mujeres que volverían a su hogar esa noche sintiéndose cualquier cosa, excepto seguras o *como en casa*. Con esos pensamientos rondando mi corazón, y luego de repasar mi propia vida, descubrí que podemos vivir más allá del dolor y de nuestro pasado, de nuestros temores y de nuestros fracasos... y convertirnos en sus *princesas*.

Sé que nos resulta difícil, considerando lo que son nuestras vidas, pensar en nosotras mismas formando parte de la *realeza*. Pero la realidad es que Dios es nuestro Rey y que hemos sido *elegidas* por él (1 Pedro 2:9). Desafortunadamente, muchas de nosotras hemos cambiado la verdad de Dios con respecto a nuestra persona por una versión deslucida de invención propia, confeccionada a partir de la aprobación de los demás y adornada por nuestras inseguridades.

Estudié las Escrituras durante los meses siguientes y luego escribí lo que me pareció que Dios podría llegar a decirnos en forma personal, si verdaderamente lográramos escucharlo en nuestros corazones y tomar en serio su Palabra, creyendo lo que él dice.

Oro para que tu alma se impregne de estas «cartas de amor», para que nunca más dudes acerca de *quién* eres, de por qué estás aquí ni de cuánto te ama el Señor.

Con todo amor.

Sheri Rose

Mi Princesa,
MI ELEGIDA

*T*e elegí desde antes de la fundación del mundo para ser mi Princesa. Eres de la *realeza* aunque no te sientas una princesa. Esperaré a que estés lista para comenzar a vivir según los planes sorprendentes que tengo para ti. Sé que no sabes por dónde comenzar, o cómo convertirte en aquello que te he llamado a ser, así que permíteme enseñarte día a día. Comienza por reconocer quién soy yo: el Rey de reyes y el Señor de señores. Aquel que ama tu alma. Cuando comencemos a reunirnos solos tú y yo, te mostraré cómo deshacerte de aquellas cosas que impiden que lleguen a tu vida las bendiciones que quiero darte.

Recuerda, hija mía, que así como te he elegido, te he dado la posibilidad de representarme ante el mundo. Si lo deseas, estoy aquí para brindarte todo lo que necesites para llevar a cabo este llamado.

Con amor,

Tu Rey y Señor, que te ha elegido.

NO ME ESCOGIERON USTEDES A MÍ, SINO QUE YO LOS ESCOGÍ A USTEDES Y LOS COMISIONÉ PARA QUE VAYAN Y DEN FRUTO, UN FRUTO QUE PERDURE. ASÍ EL PADRE LES DARÁ TODO LO QUE LE PIDAN EN MI NOMBRE.

JUAN 15:16

Mi Princesa,
TÚ ERES MI PRECIOSA HIJA

Tú eres una hija del Rey, y no de cualquier rey. Tú eres mi hija, y yo soy el Dios de todos los cielos y la tierra. ¡*Y estoy encantado contigo*! Eres la niña de mis ojos. Tú eres la niña de Papá. Tu padre terrenal puede amarte extremadamente, pero su amor no es perfecto, sea grande o pequeño. Solo mi amor es perfecto, porque *yo soy amor*. Yo formé tu cuerpo. Yo estructuré tu mente y alma. Conozco tu personalidad, y puedo entender tus necesidades y deseos. Puedo percibir tu dolor y tus desilusiones. Y te amo apasionada y pacientemente. Eres mi hija. Yo te compré por precio, para que pudiéramos establecer una relación cercana por la eternidad. Muy pronto nos veremos cara a cara (como Padre e hija) y podrás disfrutar del maravilloso lugar que he preparado para ti en el paraíso. Hasta entonces, fija tus ojos en el cielo, y camina cerca de mí. Sabrás que, aunque yo soy Dios, mis brazos no son tan grandes como para no poder abrazarte mi amada hija.

Con amor,
Tu Rey y Padre celestial

«Yo seré un padre para ustedes,

y ustedes serán mis hijos

y mis hijas,

dice el Señor Todopoderoso».

2 CORINTIOS 6:18

Mi Princesa,
NO TIENES QUE
AMOLDARTE

*S*é que deseas ser aceptada por los demás, pero no fuiste hecha para amoldarte. Tú, mi princesa, fuiste creada para sobresalir. No para llamar la atención sobre ti misma, sino para vivir la clase de vida que conduce a otros hacia mí. Recuerda, son tus elecciones las que prepararán tu camino en la vida. No te obligaré a hacer nada. Te he dado una voluntad libre para que decidas andar conmigo o alejarte de mí. Quiero que sepas que puedes colocarte la corona cuando lo desees para hacerle saber a la gente que me perteneces. Tienes un llamado real sobre tu vida. Recuerda que llevas la corona de vida eterna, y que a través de ti yo obraré mucho más abundantemente de lo que jamás te atreviste a soñar.

Te amo,
Tu Rey y el que te corona

¿Qué busco con esto: ganarme la
aprobación humana o la de Dios?
¿Piensan que procuro agradar
a los demás?
Si yo buscara agradar a otros,
no sería siervo de Cristo.

GÁLATAS 1:10

*A*hora bien —afirma el
Señor—vuélvanse a mí
de todo corazón.

JOEL 2:12

Mi Princesa,
NUNCA ES DEMASIADO
TARDE

*N*unca es demasiado tarde para volver a mí, amada. No puse en marcha una cuenta regresiva cuando te di la posibilidad de elegir entre la vida y la muerte. No hay límite de tiempo en cuanto a mi amor por ti. Soy paciente, pero sin embargo no quiero que pierdas nada del precioso tiempo que puedes pasar conmigo. No tienes que ir a ninguna parte para encontrarme. Simplemente clama a mí y yo vendré a ti. A dondequiera hayas ido, mi gracia te alcanzará. Sea lo que fuere que hayas hecho, mi sangre te cubrirá. Vuelve a mi hoy, y yo haré mucho más que reparar el daño que hayas sufrido. Yo restauraré lo que hayas perdido. Algún día mirarás hacia atrás, verás este momento como el punto de inflexión que te llevó a transformarte en la princesa que te he llamado a ser. Ahora ven a mí, y volvamos a amarnos como antes.

Con amor,

Tu Rey, que no sabe de límites

Mi Princesa,
SÉ MI LUZ PARA EL
MUNDO HOY

*Y*o me introduje en tu oscuridad para que tú pudieras brillar para mí. ¿Sabías que te he dotado con la capacidad de iluminar la vida de todos los que te rodean? Tú eres mi luz para el mundo. Así que camina junto a mí y permíteme resplandecer hoy en tu vida con mi amor y poder. Mírame y te convertiré en el foco luminoso que alumbre la oscuridad de alguien hoy. No escondas tu luz debajo de tus incertidumbres e inseguridades. Pasa tiempo conmigo y yo te haré brillar con una semblanza divina que resultará irresistible. Si me lo permites, te haré destellar de tal modo que te convertirás en aquella estrella que indica la dirección del cielo y le lleva esperanza al que sufre.

Con amor,
Tu Rey y la verdadera luz del mundo

Ustedes son la luz del mundo.
Una ciudad en lo alto de una colina
no puede esconderse.
Ni se enciende una lámpara
para cubrirla con un cajón.
Por el contrario, se pone en la repisa
para que alumbre a todos los
que están en la casa.

MATEO 5:14-15

Mi Princesa,
CORRE PARA GANAR

Tú, mi princesa, estás destinada a ganar. Sé que en el intento de hacer y decir lo que es correcto a menudo te cansas mucho. Quítate esa presión de encima, porque no te la puse yo. El mundo puede juzgarte por lo que ve y oye, pero yo miro lo profundo de tu corazón. Hija mía, yo percibo tu deseo de agradarme, y veo tus esfuerzos por agradar a otros. Si quieres ganar esta carrera de regularidad, debes deshacerte de ese deseo de recibir la aprobación de los demás, que te domina y buscar hacer mi voluntad y lo que me agrada a mí. Simplifica tu vida, y deshazte de todo el peso que te aplasta. Descubrirás que mi gracia hará más ligero tu caminar, y que mi favor aun llevará a otros a unirse a ti. Sí, es cierto que algunas veces trastabillarás y hasta caerás. Pero no te preocupes. Estaré allí para ayudarte a que vuelvas a pararte sobre tus pies (y lo haré tantas veces como sea necesario). Haz del correr junto a mí tu pasión cotidiana, y te conduciré hasta la línea de llegada de tu fe. ¡Juntos ganaremos!

Con amor,
Tu Rey y tu campeón

¿No saben que en una carrera

todos los corredores compiten,

pero solo uno obtiene

el premio?

Corran, pues, de tal modo

que lo obtengan.

1 CORINTIOS 9:24

«YO SOY EL SEÑOR TU
DIOS, QUE TE ENSEÑA
LO QUE TE CONVIENE,
QUE TE GUÍA POR EL
CAMINO EN QUE
DEBES ANDAR».

ISAÍAS 48:17

Mi Princesa,
YO SOY EL CAMINO

A medida que vivas, más irás descubriendo que no existe otra manera de vivir que tenga sentido aparte de mí. Yo soy el único que abre caminos donde no los hay. Soy el único que lava tus pecados y te permite comenzar de nuevo tantas veces como sea necesario. Puede ser que encuentres placer en conocer personas o en coleccionar objetos, o en alcanzar objetivos, pero nada de eso es duradero, mi amada. Los trofeos que nos ofrece este mundo brillan durante una temporada, pero todos se convertirán en polvo un día. Yo soy el poder que necesitas y el propósito para vivir. Nadie puede darte lo que yo te he dado en la cruz. Te prometo, mi princesa, que si me buscas, descubrirás el secreto de la vida eterna.

Te ama,
Tu Rey y el que te abre caminos

Mi Princesa,
CONSIDERA LO QUE ES
MÁS IMPORTANTE

Tengo mucho que mostrarte, preciosa mía. Sé que ves los problemas que se presentan en este mundo, y que eso a veces te sobrecarga. Así que debes venir a mí, y yo te llevaré a la cumbre de la montaña. Abriré tus ojos espirituales para que puedas tener una perspectiva eterna de lo que es más importante. Mantén tus ojos en mí y en mi Palabra, y verás mi mano obrar en todo lo que te rodea. Recuerda, mi Princesa, que los ojos del mundo están sobre ti para que les demuestres quién soy yo, manteniendo tus ojos fijos en mí y en mi proyecto eterno para todas las personas.

Con amor,
Tu Rey y el que te hace ver

*Así que no nos fijamos
en lo visible sino en lo invisible,
ya que lo que se ve es pasajero,
mientras que lo que no se ve
es eterno.*

2 CORINTIOS 4:18

Mi Princesa,
ESCUCHA MI VOZ

*S*iempre estoy aquí por si me necesitas. Nunca estoy tan ocupado como para no poder hablar contigo, mi amada. Si silencias los sonidos de las cosas que te rodean y no te permiten escuchar mi voz, comenzarás a oírme en tu espíritu. Cuando no sepas adonde recurrir, me escucharás darte una dirección divina. Cuando necesites un amigo, me oirás susurrar: «Estoy aquí». Cuando necesites consuelo, me escucharás llamarte: «Ven a mí». No permitas que la voz de tus propias incertidumbres te distraigan para no oír mi voz, constante aunque suave. Aquieta tu espíritu, y descubre que yo soy tu Padre celestial y tú eres mi preciosa hija; ¡y que me encanta que me escuches!

Te amo,
Tu Rey, y la voz del cielo

Mis ovejas

oyen mi voz;

yo las conozco

y ellas me siguen

JUAN 10:27

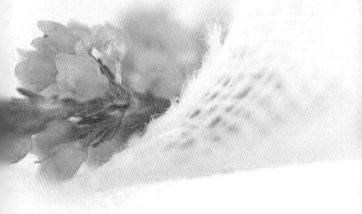

Mi Princesa,
ORA CON PODER

Tu eres mi ungida y tienes el poder de mover las montañas que estén obstruyendo el camino de cualquiera. Si te tomas el tiempo de orar, se liberará mi poder sobre las vidas de aquellos a los que coloques delante de mí. Yo soy tu Rey, el que escucha tus oraciones. Como mi princesa y guerrera en oración, te he concedido la autoridad para acudir a mí, el Dios del universo, para pedirme que yo intervenga a tu favor. No te desgastes intentando ayudar a la gente o procurando solucionar sus problemas en tus propias fuerzas. Yo soy el que puede abrir caminos cuando parece no haber ninguno. Así que no subestimes el poder de tu oración simplemente porque tus ojos no me pueden ver. Clama a mí con fe, y con la certeza de que yo acudiré en tu socorro.

Con amor,
Tu Rey y el Padre de los milagros

Cualquier cosa que ustedes pidan

en mi nombre,

yo la haré; así será

glorificado el Padre en el Hijo.

Lo que pidan en mi nombre,

yo lo haré.

JUAN 14:13-14

Mi Princesa,
TRIUNFA EN LAS PRUEBAS

*Y*o te veo cuando estás en el jardín de los sufrimientos, mi princesa. Te oigo clamar pidiendo ayuda durante las horas oscuras de la noche. Yo mismo clamé en ese jardín la noche en que fui traicionado. En mis sufrimientos, le pregunté a mi Padre si no había otra manera, una manera menos dolorosa. Sin embargo, confié en su voluntad y propósito para mi vida y supe que la victoria final estaba en la cruz. Así como las aceitunas deben ser prensadas para obtener el aceite a partir de ellas, así yo derramé mi vida como una ofrenda de amor por ti. Nunca dudes de que yo estoy contigo y que deseo llevarte a un lugar de consuelo, paz y victoria. Aun cuando no me veas desde donde estás, yo estoy obrando a tu favor. Entrégame el peso aplastante de tus circunstancias y acércate a mí en oración. Cuando sea tiempo de abandonar el jardín, caminaré junto a ti a través del valle y te llevaré directamente a la cruz, lugar en el que tus pruebas se transformarán en triunfo.

Con amor,
Tu Salvador y el Victorioso

Pues ya saben que

la prueba de su fe

produce constancia.

Y la constancia debe llevar a feliz

término la obra,

para que sean perfectos

e íntegros,

sin que les falte nada.

SANTIAGO 1:3-4

PURIFÍCAME CON HISOPO,
Y QUEDARÉ LIMPIO;
LÁVAME, Y QUEDARÉ MÁS
BLANCO
QUE LA NIEVE.

SALMO 51:7

Mi Princesa,
VALORA TU CUERPO

Tu cuerpo es un don de mi parte, y tú eres demasiado valiosa como para permitir que la persona equivocada abra ese regalo. Tú eres mi tesoro, y mi Espíritu habita dentro de ti. Yo sé que una guerra interior se libra con furia en procura de tu alma y de tu cuerpo, y que arremete contra todo lo que tú sabes que es verdadero. Recuerda, mi amada, que yo puedo luchar esta batalla por ti, así que no hagas concesiones, comprometiendo lo mejor que tengo para ti por un momento de pasión. Yo sé que puede parecerte inocuo ceder, pero el dolor que te producirá no es equiparable al placer disfrutado. Escucha, amada mía: No imites a aquellos mundanos a los que no les preocupa tu alma. Entrégate a mí, y yo te daré el amor que ansías.

Te amo,
Tu Rey y tu pureza

Mi Princesa,
HAS SIDO PERDONADA
PARA SIEMPRE

*M*i amada, yo entregué voluntariamente mi vida aquí en la tierra y morí por ti. Fui a la cruz como tu Rey, para que tus pecados fueran perdonados y pudieras recibir una corona. Y no cualquier corona, sino la corona de vida eterna. Si te rehúsas a recibir el don del perdón que te ofrezco, entonces estás afirmando que mi muerte no es suficiente para cubrir tu pecado. Por favor, mi princesa, suelta tu sentimiento de culpa y perdónate a ti misma y a aquellos que te han herido. A su debido tiempo yo pagaré a aquellos que te hieren si no se arrepienten y comienzan a hacer lo bueno. Mientras tanto, tú eres libre... y has sido perdonada. Una vez que me confiesas tus pecados, yo los arrojo a lo profundo del mar y mi olvido, y nunca más quiero verlos ni recordarlos. Así que suéltalos y vive una vida libre y plena, preciosa mía.

Con amor,
Tu Rey Jesús

Tú, SEÑOR, eres bueno

y perdonador;

grande es tu amor

por todos los que te invocan.

SALMO 86:5

«¡Miren que vengo
pronto!
Traigo conmigo mi
recompensa,
y le pagaré a cada uno
según lo que haya hecho».
APOCALIPSIS 22:12

Mi Princesa,
SERÁS MUY RECOMPENSADA

Te veo cuando nadie más lo hace. Te veo ocuparte de las necesidades de los demás cuando nadie te mira. Sé que das generosamente cuando no te enfocan los reflectores. Probablemente tu nombre nunca aparezca en una placa para que el mundo se entere, pero yo te veo. Mi hija fiel, sé que necesitas ser apreciada por lo que eres y haces. Pero no te desanimes. Yo te daré una recompensa que no se puede comprar en los negocios ni se encuentra en medio de las alabanzas de la gente. Espero ansiosamente celebrar en el cielo todo lo que has hecho para el avance de mi Reino. Estoy muy contento por tu dedicación y tus buenas obras. Hasta que llegue ese gran día (en el que yo exalte tus buenas obras para que todo el mundo las conozca), permíteme darte un adelanto de esas bendiciones aquí en la tierra. Gracias por tu fidelidad, mi princesa. Lo mejor está aún por venir.

Con amor,
Tu Rey, y el que te recompensa

Mi Princesa,
SÍGUEME

*T*us pies son hermosos cuando me siguen. Yo soy el camino, la verdad y la vida, mi amada, y te he dado pies para caminar conmigo a través de esta vida. Del mismo modo en el que le sucedió a Moisés cuando sacó a mi pueblo de la esclavitud, tu caminar conmigo estará lleno de mis divinas intervenciones. Si sigues mi guía, me experimentarás mientras marchamos juntos en la misma dirección. Quiero que tú mantengas tus pies en el sendero angosto, y yo entonces te ungiré para que lleves las nuevas de vida a otras personas. Tú tendrás el coraje de contarles que yo soy el Dios que concede salvación a aquellos que desean conocerlo. Sigue caminando conmigo, mi princesa, porque tú llevas mi verdad que cambia la vida dentro de tu alma.

Con amor,
Tu Rey y tu libertador

¡Qué hermosos son,

sobre los montes,

los pies del que trae buenas

nuevas ... del que proclama

la salvación,

del que dice a Sión:

«Tu Dios reina»!

ISAÍAS 52:7

Mi Princesa,
TÚ ERES UNA VERDADERA BELLEZA

La verdadera belleza que hay en ti es una obra de arte modelada por mis manos. Te he dado hermosos labios para que pronuncies palabras de vida, bellos ojos para que me veas en cada cosa, preciosas manos para ayudar a quienes lo necesiten, y un lindo rostro para reflejar mi amor al mundo. Sé que no te ves como yo te veo, porque te comparas con los ídolos de belleza, que muy pronto caerán en el olvido. Yo obraré maravillas que harán que tu verdadera belleza se irradie desde adentro. Y cuando haya completado mi obra, tu carácter dejará ver la destreza de mi arte, y las marcas de tu hermosura serán recordadas por todos los que fueron amados por ti.

Con amor,
Tu radiante Rey

Que sean nuestras hijas

como columnas esculpidas

para adornar un palacio.

SALMO 144:12

Mi Princesa,
ESTOY CONTIGO EN LOS
TIEMPOS DE DIFICULTAD

$\mathcal{N}$i siquiera tienes que dudar acerca de si estoy contigo en medio de tus circunstancias. No importa si el fuego te parece abrasador, las llamas no te quemarán mientras yo esté presente. Así como sucedió con Sadrac, Mesac y Abednego cuando pasaron por su dura prueba de fe, yo estoy junto a ti ahora, para refrescarte y ayudarte a mantener la calma mientras atravesamos esta prueba juntos. Puede ser que no lo percibas ahora, mi princesa, pero un día llegarás a ser como plata preciosa refinada por fuego y purificada en mi presencia. Recuerda, no te he puesto en medio de un fuego para que te quemes. Confía en mí aun cuando tengas tu corazón inquieto, y mírame obrar maravillas para ti en medio de las llamas más ardientes.

Con amor,
Tu Rey, y el que te refina

EL SEÑOR ES MI FUERZA Y MI ESCUDO;
MI CORAZÓN EN ÉL CONFÍA;
DE ÉL RECIBO AYUDA.
MI CORAZÓN SALTA DE ALEGRÍA
SALMO 28:7

Mi Princesa,
LA LIBERTAD ES
UNA ELECCIÓN

*A*nhelo darte las llaves que te liberen de las cosas que te atan, y deseo ver como te abres paso hacia una vida bendecida en mí. Pero tu libertad tiene que ver con una elección... *tu* elección. Puedes ser totalmente libre en mí o intentar ganar tu libertad por ti misma. Te aseguro, mi princesa, que solo yo puedo entregarte las llaves de la vida que tú deseas y necesitas. Las llaves están escondidas dentro de mi Palabra, y se ponen en funcionamiento con tu oración en combinación con la obra de mi Espíritu Santo que habita en ti. Elige tu camino. Mi amada... ¡elige la vida!

Con amor,
Tu Rey y tu libertador

Así que si el Hijo los libera,

serán ustedes

verdaderamente libres.

JUAN 8:36

Mi Princesa,
CONFÍAME A AQUELLOS
QUE AMAS

*C*onozco tu corazón, y sé cuánto amas a aquellos de tu círculo íntimo. Yo soy tu Creador y el Dador de toda buena dádiva. Te he obsequiado a aquellos que amas para que compartan su vida contigo. Hija mía, debes recordar que tus seres queridos en definitiva me pertenecen; no son tuyos. No te he permitido establecer esas relaciones tan especiales para romperte el corazón o para controlarte a través del temor al futuro. Como lo hizo Abraham con su único hijo, Isaac, necesito que abras tu corazón y me devuelvas a aquellos que amas. Confíame toda preocupación con respecto a ellos. Coloca tu mano en la mía, y yo prometo que te acompañaré (y también a aquellos que amas) a través de todas las circunstancias que la vida pueda traer.

Con amor,
Tu muy confiable Rey

Los que confían en el Señor

son como el monte Sión,

que jamás será conmovido,

que permanecerá para siempre.

SALMO 125:1

Mi Princesa,
REDIMIRÉ EL TIEMPO
PARA TI

*S*é que a veces miras la vida hacia atrás con angustia y pena, lamentando todo el tiempo perdido en cosas que no tenían importancia. Pero, aliéntate, amada mía. Yo soy tu Redentor, y hoy es un nuevo día. Así que comienza ahora a buscar mis planes y proyectos, lo que te dará esperanza con respecto al futuro. Del mismo modo en que usé las dificultades en la vida de José para guiarlo a un puesto de liderazgo, influencia y bendición, lo haré contigo, a quien he llamado. Utilizaré tu pasado para forjar en tu carácter todo aquello que necesitarás de aquí en adelante. Quiero que dejes que tus experiencias pasadas te enseñen en lugar de que te atormenten. Recuerda, mi princesa, que siempre haré algo bueno con aquellas cosas con las que otros intenten lastimarte. Redimiré lo que se ha perdido y te colocaré en la senda estrecha que conduce a la vida eterna.

Con amor,
Tu Rey y Redentor

PORQUE YO SÉ MUY BIEN LOS PLANES QUE
TENGO PARA USTEDES —AFIRMA EL SEÑOR—,
PLANES DE BIENESTAR Y NO DE CALAMIDAD, A
FIN DE DARLES UN FUTURO Y UNA ESPERANZA.
JEREMÍAS 29:11

Mi Princesa,
ESCOGE TUS BATALLAS

*C*ada día puede haber una pelea por algo o por alguien, si elegimos que así sea. Yo quiero que tú, mi princesa guerrera, elijas tus batallas con sabiduría y que luches por las cosas que valen la pena. Hay muchas cosas que se levantan contra ti en el campo de batalla, y también existen muchas causas que parecen dignas. Pero el enemigo de tu alma te va a tentar para que pelees las batallas equivocadas de modo que te distraigas de tu principal misión. Recuerda, mi amada, que tu lucha no es contra carne y sangre, sino contra las fuerzas de maldad en las regiones celestiales. Cuando te encuentres en medio de una guerra, no tengas temor. Clama a mí en oración y permíteme librarte. En mis tiempos, te daré la victoria y haré justicia al afligido. Así que no pierdas tu tiempo peleando batallas equivocadas. Y nunca olvides que la guerra espiritual se lucha, y se gana, sobre las rodillas.

Con amor,

Tu Rey guerrero

Porque el SEÑOR tu Dios
está contigo;
él peleará en favor tuyo
y te dará la victoria
sobre tus enemigos.

DEUTERONOMIO 20:4

*C*ada uno ponga al servicio de los demás el don que haya recibido, administrando fielmente la gracia de Dios en sus diversas formas.

1 PEDRO 4:10

Mi Princesa,
TE HE DADO UN DON

Te he dado el don de la vida eterna, pero mi don no se detiene allí. Dentro de ti hay una sorpresa sobrenatural, un regalo que aguarda ser desenvuelto... por ti.

Sí, está allí. Está escondido detrás de los sueños, y espera que tú lo alcances. Se encuentra absorbido por las distracciones diarias y ahogado por las desilusiones.

Déjame que te ayude a poner orden en medio del caos y a encontrar tu don. Lo hallarás en aquel lugar de tu vida que te produce la mayor alegría; allí adonde tu alma anhela estar, realizando ese trabajo que le encanta hacer a tus manos.

Pero ese don que te he dado no es solo *para* ti. Te he bendecido para que seas una bendición para otros. Cuando descubras tu don, yo lo tomaré y lo multiplicaré más allá de lo que jamás puedas imaginar. Así que, pídeme y yo te ayudaré a abrir ese regalo que te he dado para que puedas transmitirlo al mundo; no para impresionar a nadie, sino para bendecir a los demás.

Con amor,

Tu Rey y el dador de toda dádiva buena y perfecta

Mi Princesa,
TU VIDA ES UNA SINFONÍA

*T*ú eres para mí una bella canción. Tu vida es una dulce sinfonía que yo mismo estoy componiendo nota a nota. Yo tomo tus fracasos, tus lágrimas y tus éxitos y los transformo en una gloriosa armonía que se cantará en los cielos por la eternidad. Tengo frente a mis ojos todos tus pensamientos y cada una de tus acciones, como si fuesen las notas en un pentagrama. Cada elección que realizas es una cuerda significativa, pulsada dentro de un arreglo eterno. No permitas que el ruido del mundo destruya tu magnífica melodía, mi amada. Búscame en la silenciosa quietud de la mañana, y yo llenaré tu corazón de una música divina. Manténte en el ritmo de mi Espíritu durante todo el día, y yo haré de tu vida un popurrí irresistible que permanecerá como un dulce perfume en los corazones de todos los que marchen contigo. Camina conmigo en una entrega absoluta y atraerás a otros a mí en una rapsodia de alabanza.

Con amor,

Tu Rey y tu compositor

Puso en mis labios un
cántico nuevo, un himno
de alabanza a nuestro Dios.
Al ver esto, muchos tuvieron
miedo y pusieron su confianza
en el SEÑOR.

SALMO 40:3

Mi Princesa,
LLENA TU HOGAR DE PAZ

*S*é lo difícil que es para ti tratar de sentirte contenta en tu casa cuando siempre deseas algo más para hacer de ella el lugar perfecto. Anhelo darte las cosas hermosas que hacen de una casa en un refugio; pero, mi princesa, primero debes aprender a permitirme construir *dentro de ti* un lugar de paz y de contentamiento. Haz lo mejor que puedas para aprender a descansar y esperar en mí, y luego te daré aquello que yo considero que te beneficiará más. Quiero que transformes tu hogar en un lugar en el que se construyan relaciones, y en el que se refleje quién eres en mí. Recuerda que aquellos a los que amas necesitan más de ti que de cualquier cosa material. Así que decora tu hogar con gozo, llénalo de recuerdos duraderos, y crea dentro de él un lugar seguro para crecer en mí.

Con amor,
Tu Rey y tu lugar de descanso

LA PAZ LES DEJO; MI PAZ LES DOY.
YO NO SE LA DOY A USTEDES
COMO LA DA EL MUNDO.
NO SE ANGUSTIEN NI SE ACOBARDEN.
JUAN 14:27

TE FORTALECERÉ
Y TE AYUDARÉ;
TE SOSTENDRÉ CON
MI DIESTRA VICTORIOSA.

ISAÍAS 41:10

Mi Princesa,
TIENES HERMOSAS MANOS

*T*us manos son hermosas porque han sido bendecidas por mí. Yo quiero que las eleves al cielo y me alabes. Pídeme, y yo ungiré tus manos para sanar a los que sufren y para ayudar a aquellos que pasan por necesidad. Yo te he dado esas bellas manos para que toques a los demás con mi amor. Y cuando uses tus manos para trabajar por mi reino, yo bendeciré todo lo que hagas. Es un privilegio, mi princesa, tener esa clase de poder como posesión. Yo puedo hacer cosas asombrosas a través de ti cuando tú te aferras con fidelidad a mis promesas. Ten la certeza de que mientras usas tus manos para ayudar a otros, yo, tu Rey, muevo mi poderosa mano en todas las áreas de tu vida. Así que continúa extendiéndote hacia el mundo, mi amada, y ayúdalos a descubrir que yo soy real. Tómate de mi mano, y ten la certeza de que nunca te soltaré.

Con amor,

Tu Rey y el que te sostiene de la mano

Mi Princesa,
TRANSMITE VIDA A TRAVÉS
DE MIS PALABRAS

*H*ija mía, amo tu boca porque es la mía, y está lista para llenarse de mis palabras. ¿Sabías que he ungido tus hermosos labios con poder para hablar y transmitir vida a un mundo que no la posee? Mientras otros utilizan sus labios para desparramar palabras inservibles, tú, mi princesa, tienes el privilegio de ayudar a la gente a mirar desde otra perspectiva y brindarles la posibilidad de realizar elecciones que cambien su vida y los conduzcan a mí. Tus palabras serán más preciosas que joyas de incalculable valor. Quiero que te acerques a mí en oración cada día. Voy a revestir tus labios de amor, sabiduría y ánimo, y haré que tu boca resulte una obra maestra para aquellos que te escuchen hablar.

Con amor,
Tu Rey y consejero

Que habite en ustedes la palabra
de Cristo con toda su riqueza:
instrúyanse y aconséjense
unos a otros con toda sabiduría;
canten salmos, himnos y canciones
espirituales a Dios con gratitud
de corazón. Y todo lo que hagan,
de palabra o de obra,
háganlo en el nombre del Señor Jesús,
dando gracias a Dios el Padre
por medio de él.

COLOSENSES 3:16-17

Mi Princesa,
CAMINA CONFIANDO EN MÍ

*Y*o sé que el mundo te susurra al oído que lo que tienes define lo que eres, y que tu aspecto externo determina tu valor. Es una mentira, mi amada. Las generaciones futuras nunca te recordarán por las cosas que hayas acumulado o por el esfuerzo que hayas realizado por mejorar tu apariencia. Es más, cuanto más luches por obtener cosas y por perfeccionar tu imagen, más insegura te sentirás con respecto a saber quién eres en realidad y por qué estás aquí. Yo estoy en ti y tú estás en mi. Te proveeré todo lo que necesites. Ahora sal al mundo y camina con la plena certeza de que te he equipado perfectamente con todo lo que necesitas para causar un impacto duradero en la vida de aquellos que te rodean.

Con amor,
Tu rey y el que te infunde confianza

PORQUE EL SEÑOR ESTARÁ
SIEMPRE A TU LADO Y TE LIBRARA
DE CAER EN LA TRAMPA.
PROVERBIOS 3:26

Mi Princesa,
TE PROTEGERÉ

*Y*o soy tu escudo protector. Muchas veces te preguntas dónde estoy cuando alrededor tuyo se desata una guerra encarnizada y tú te encuentras en el medio. Te sientes abandonada en medio del campo de batalla. No temas y no pierdas la fe. Estoy aquí, y *siempre soy* el que resulta victorioso. Te protegeré, pero tienes que confiar en mí. A veces te conduciré a un refugio para que encuentres seguridad y puedas recomponerte. En otras ocasiones te pediré que te unas a mí en el frente más furioso de la lucha. La verdad es que yo podría matar a cualquier gigante que amenazara tu vida, pero, como sucedió con David, el joven pastor, depende de ti el adelantarte, tomar las piedras, y enfrentar a tus gigantes. Me encanta demostrar mi fuerza cuando las dificultades son enormes y la esperanza mínima. Verdaderamente soy tu refugio y el que te libra; te protegeré en cualquier lugar en el que estés.

Con amor,
Tu Rey y protector

Tú eres mi refugio;

tú me protegerás del peligro

y me rodearás con cánticos de

liberación.

SALMOS 32:7

Mi Princesa,
JAMÁS HAGAS CONCESIONES

En medio de tu debilidad, te mantendré fuerte, hija mía. Soy consciente de las muchas cosas que en esta vida batallan contra tu espíritu y contra tu alma. Yo sé que es como si alguien te enviara diariamente distracciones y dificultadas para probar tu carácter y tus convicciones. Recuerda, mi amada, que la vida no es un ensayo general. Se trata de la cruda realidad, y te estoy entrenando a través de esas pruebas para llevarte a confiar en mí. Te estoy preparando hoy para tu futura vida en el cielo. Así que búscame en oración para recibir mi fortaleza y no cedas a la tentación, ni hagas concesiones. Estas son como arena movediza bajo tus pies, y se interponen en el camino que te conduce a la justicia. Aférrate a mí y a mi poder que habita en ti, y te prometo que llegarás a destino. Cuando vientos malignos y adversos intenten apagar la llama de tu fe, o traten de llevarte a hacer concesiones, párate en mis verdades; yo soy la roca sólida que te sostendrá y podrás conquistar cualquier cosa con mis fuerzas.

Con amor,
Tu Rey y tu Roca

Ustedes no han sufrido ninguna

tentación que no sea común al

género humano. Pero Dios es fiel,

y no permitirá que ustedes sean

tentados más allá de lo que pue-

dan aguantar. Más bien, cuando

llegue la tentación, él les dará

también una salida

a fin de que puedan resistir.

1 CORINTIOS 10:13

Mi Princesa,
CRECE EN EL LUGAR
EN QUE HAS SIDO PLANTADA

*S*é que a veces te preguntas si tu vida tiene verdadero valor. Pero te aseguro que yo puedo utilizarte para causar un impacto en aquellos que te rodean. Del mismo modo en que usé a Pablo en la prisión, te usaré dondequiera que estés y bajo cualquier circunstancia. Permíteme regarte con mi sagrada Palabra, y comenzarás a florecer donde hayas sido plantada. Ven a mí en oración y permíteme revestirte con el poder de mi Espíritu. Aun cuando no puedas ver la cosecha que producirá tu arduo trabajo de hoy, te prometo que otros mirarán hacia atrás, hacia la época en que tu estuviste en sus vidas, y recordarán tus actos bondadosos, tus palabras sabias, y tu amor por ellos. Así que hoy, mi valiosa princesa, permíteme ayudarte a florecer en un mundo que está en la búsqueda del sentido de la vida.

Con amor,
Tu Rey y el jardinero de tu vida

Ahora bien, sabemos que Dios

dispone todas las cosas

para el bien de quienes lo aman,

los que han sido llamados

de acuerdo con su propósito.

ROMANOS 8:28

Mi Princesa,
ESPERA EN MÍ

*E*spera en mí, princesa. Mis tiempos son siempre perfectos. Sé que estás ansiosa con respecto a muchas cosas, y sé de tu pasión por todos los planes que he puesto en tu corazón. Conozco que anhelas volar, y he visto tu entusiasmo. Sin embargo, así como el viñador riega y cuida su viña y espera con paciencia el momento justo para cosechar las uvas, también yo obro incansablemente para prepararte para que lleves mucho fruto. No te adelantes a mí ni intentes volar antes de que mis planes se completen. Porque de ese modo tu fuerza te va a fallar, y tus sueños se marchitarán. Confía en que mis sueños para ti son mucho mayores de los que tú misma sueñas. Tu correrás más allá de lo que supones y te remontarás más alto si esperas con paciencia el tiempo de mi bendición. Acércate más a mí ahora, y te prometo que la temporada de espera te traerá la más dulce de las recompensas.

Con amor,
Tu Rey y el Señor de los tiempos perfectos

PERO LOS QUE CONFÍAN EN EL SEÑOR
RENOVARÁN SUS FUERZAS;
VOLARÁN COMO LAS ÁGUILAS;
CORRERÁN Y NO SE FATIGARÁN,
CAMINARÁN Y NO CANSARÁN.
ISAÍAS 40:31

No temas, que yo te he redimido, te he llamado por tu nombre, tú eres mío. Cuando cruces las aguas, yo estaré contigo; cuando cruces los ríos, no te cubrirán sus aguas.

ISAÍAS 43:1-2

Mi Princesa,
SANARÉ TU CORAZÓN

No te desanimes. Amada, el dolor es parte de la vida. Pero te prometo que voy a convertir cada lágrima que derrames en gozo, y usaré tus dolores más profundos con un propósito divino. No trates de esconderme tus heridas. Yo lo sé todo de ti. ¡Tú eres mía, mi amada! Yo soy el único que puede encargarse de tu corazón y restaurarle la salud completamente una y otra vez. Yo también he experimentado grandes dolores y sufrimientos, rechazos e ira. Pero podemos pasar cada prueba juntos. Con tu mano en la mía, te guiaré de regreso al lugar de mi paz y de mi gozo, luego de la tormenta. El sol volverá a brillar sobre ti, y tu corazón experimentará sanidad. Te prometo, mi princesa, que cuando atravieses las aguas profundas de los grandes problemas, estaré contigo. Cuando cruces ríos de dificultad, no te ahogarás. Cuando camines sobre el fuego de las opresiones, no saldrás quemada.

Con amor,
Tu Rey y tu Sanador

EL SEÑOR MISMO
MARCHARÁ
AL FRENTE DE TI
Y ESTARÁ CONTIGO;
NUNCA TE DEJARÁ
NI TE ABANDONARÁ.
NO TEMAS
NI TE DESANIMES.

DEUTERONOMIO 31:8

Mí Princesa,
ALIÉNTATE EN MÍ

*N*unca debes sentir temor de ponerte en pie y hacer lo que es correcto. Hija mía, siempre iré delante de ti para preparar el camino. Rescaté a Daniel de la boca de los leones y libré a David de las manos de sus enemigos. ¿Puedes confiar en mí, creyendo que soy lo suficientemente fuerte como para manejar cualquier situación? Realmente deseo lo mejor para ti. Aliéntate y camina en mis fuerzas, no en las tuyas. Encara de frente cada circunstancia, armada con la espada del Espíritu, el cinto de la verdad, la coraza de justicia, y el escudo de la fe. Nunca tendrás que volverte hacia atrás y huir: te fortaleceré y te protegeré. Solo párate firmemente sobre tus pies y ora; y observa cómo tu valentía se contagia a otros.

Con amor,

Tu Rey y el capitán que te da coraje

Mi Princesa,
VINE A SERVIRTE

*A*un cuando no te sientas valorada, permíteme recordarte, mi princesa, que yo, tu Rey, he venido a servirte. No solo te he creado, sino que también soy el que sostiene tu vida, reconforta tu espíritu y te proporciona todo lo que necesitas. Eres tan valiosa que yo pagué el más alto precio en la cruz para rescatarte. Hija mía, yo tengo poder para tomar cualquier error que hayas cometido o fracaso por el que hayas atravesado y utilizarlo milagrosamente para mi gloria. Yo soy paciente, amable y misericordioso; en fin, soy Amor. Así que ahora que sabes que tus pecados han sido perdonados, te pido que dejes de ser la persona que eras y te transformes en la persona que te he llamado a ser. Permíteme ayudarte. Soy tu Señor, el que te ama incondicionalmente.

Con amor,
Tu Rey, el que vino por ti

El Hijo del hombre no vino

para que le sirvan,

sino para servir

y para dar su vida

en rescate por muchos.

MATEO 20:28

Mi Princesa,
CAMINA EN EL SENDERO
DE LA VIDA

*S*iempre habrá dos caminos delante de ti, mi amada. El camino más frecuentado, más popular, es fácil. Sus baches han sido suavizados por las multitudes que los transitan. Este sendero parece seguro simplemente por la cantidad de personas que se han aventurado a transitar sus curvas y bajadas hacia el valle. Lo que esas multitudes no comprenden es que este camino está lleno de remordimientos y sentimientos de culpa, y que finalmente conduce a la muerte. Ese es el sendero que aleja a la gente de mí, su Rey. Si te llegas a dar cuenta de que estás andando por el derrotero equivocado, no te desanimes; simplemente clama a mí y yo te encontraré. No me uniré a ti en ese desvío destructor, pero te conduciré de regreso a la senda que lleva a la vida, porque para andar este camino fueron creados tus pies. A través de toda mi Palabra irás encontrando indicadores que te proveerán la sabiduría y el sentido de dirección que precisas. Así que, mantente leyendo y caminando, mi princesa, y comenzarás a descubrir verdadero gozo al recorrer la vida.

Con amor,
Tu Rey, que es el camino, la verdad y la vida

SI USTEDES OBEDECEN TODOS ESTOS MANDAMIENTOS QUE LES DOY, Y AMAN AL SEÑOR SU DIOS, Y SIGUEN POR TODOS SUS CAMINOS Y LE SON FIELES, ENTONCES EL SEÑOR EXPULSARÁ...A TODAS ESAS NACIONES.
DEUTERONOMIO 11:22-23

Mi Princesa,
VÍSTETE CON DIGNIDAD
REAL

Mi Princesa, te he llamado a pertenecer a la realeza. No tienes que adecuarte al guardarropas que usa la gente del mundo para sentirte bien con respecto a tu apariencia. Recuerda que lo que tengas puesto definirá la primera impresión que la gente se llevará de ti. Yo quiero que tu ropa me honre. No necesitas vestirte como para llamar la atención, porque yo puedo hacer más bella que cualquier diseñador de modas, ya que me especializo en hacer de nuevo lo interior y lo eterno. Irradiarás gracia y belleza al reflejarme a mí. Ten en cuenta que aquellos que diseñan la ropa que expone tu cuerpo no aman tu alma como yo la amo. Mi amada, permite que tu guardarropa refleje mi espíritu que está en ti y no tu carne. Así que vístete hoy con la dignidad real que te pertenece.

Con amor,

Tu Rey y el que te da belleza eterna

Engañoso es el encanto

y pasajera la belleza;

la mujer que teme al SEÑOR

es digna de alabanza.

PROVERBIOS 31:30

Mi Princesa,
NO TEMAS

¿*E*stás rodeada de oscuridad y temores? Ven a mí y cuéntame a qué le temes. ¿Al futuro? ¿Te preocupas por tu salud? ¿Por las circunstancias? ¿Acaso por las finanzas? ¿O por tu seguridad? ¿No sabes que yo soy el Creador y el Rey de todo lo que existe? Poseo todos los recursos del universo. Nada está más allá de mi conocimiento o mi poder. Recuerda que yo soy tu Dios y tu Salvador. Nunca te daré cargas más pesadas de lo que puedas manejar. Pídeme cualquier cosa con fe y obedece todo lo que de mande hacer, y entonces sentirás que tus temores se desvanecen. Yo soy el Señor tu Dios, y me deleito en ocuparme de ti, hija mía. Así que no temas, mi princesa. Yo siempre estoy cerca de ti.

Con amor,
Tu Rey y el que te conduce con seguridad

El Señor es mi luz

y mi salvación;

¿a quién temeré?

El Señor es el baluarte

de mi vida;

¿quién podrá amedrentarme?

SALMO 27:1

Mi Princesa,
CONOCE LA VERDAD

*P*ermíteme llevarte de nuevo al comienzo de nuestra relación. ¿Te acuerdas del día en que me pediste que fuera tu Señor y Rey? Yo sí lo recuerdo, porque escribí tu nombre en el libro de la vida en ese preciso instante, y tú entraste en una relación de amor conmigo. ¡Todos los ángeles del cielo se regocijaron!

Nuestra relación nunca será destruida por nada ni nadie. En una época estuviste perdida, pero ahora ya te he hallado, y mi Espíritu vive en ti; ¡tú eres mía! No quiero que permitas que la locura y la confusión de esta vida te distraigan y no te permitan conocerme personalmente. Así que recuerda la verdad: párate sobre ella, léela, ora proclamándola, obedécela y camina por la vida consciente de esta preciosa verdad: tú eres mi princesa. ¡Aquella que he elegido!

Con amor,

Tu Rey y tu verdad

Jesús se dirigió entonces a los
judíos que habían creído en él, y
les dijo: Si se mantienen fieles a
mis enseñanzas, serán realmente
mis discípulos; y conocerán la
verdad, y la verdad
los hará libres.

JUAN 8:31-32

Mi Princesa,
YO SOY TU PAZ

*D*eseo darle descanso a tu alma y paz a tu corazón. Sé que a veces la vida no parece ofrecerte paz alguna; solo trae un problema tras otro. Es verdad que el mundo está lleno de odio, envidia, y todo tipo de mal, así que por favor, no busques paz en la gente, ni intentes encontrar tu lugar allí donde parece no haber problemas. El tipo de paz que el mundo intenta ofrecer está construido sobre falsas esperanzas y sobre ídolos creados por los hombres, ídolos que con el tiempo se desmoronan. La paz que yo te doy trasciende cualquier prueba o tribulación que venga contra ti, porque es sobrenatural. Así que abandónate completamente a mi cuidado, y suelta aquellas cosas que no puedes controlar. Y entonces encontrarás verdadera paz. En medio del caos y de la confusión, yo siempre seré tu lugar seguro, un lugar de paz. Te pido, mi princesa, que compartas con otros la paz que te yo te doy gratuitamente.

Con amor,

Tu Rey y tu perfecta paz

La paz les dejo;
mi paz les doy.
Yo no se la doy a ustedes
como la da el mundo.
No se angustien ni se acobarden.

JUAN 14:27

Mí Princesa,
VEN A MÍ

*Y*o te vi antes de que nacieras. Aun entonces tú estabas en mi mente, hija mía. Yo sabía que estabas en camino, e hice todo lo posible por expresarte mi amor y por extenderte una invitación. Ahora que eres mía, yo quiero que continúes acercándote a mí. Ven a mí cuando te sientas fuerte y cuando estés debilitada. Ven a mí cuando estés gozosa y cuando tu espíritu haya sido abatido. Te invito a que te acerques no solo porque deseo darte descanso sino también porque hay muchas cosas que quiero enseñarte. Hay más de mí que quiero revelarte. Mira, no te he creado para este mundo caído. Te he creado para el paraíso, pero la maldición del pecado nos separó. Yo he vencido al pecado y a la muerte para ti, a través de la muerte de mi Hijo, así que ven a mí… ¡y vivirás!

Con amor,
Tu Rey y el que te espera

«Vengan a mí todos ustedes que
están cansados y agobiados,
y yo les daré descanso.
Carguen con mi yugo
y aprendan de mí,
pues yo soy apacible
y humilde de corazón,
y encontrarán descanso
para su alma».

Mateo 11:28-29

Mi Princesa,
TIENES GRANDES
TESOROS EN EL CIELO

*T*engo la expectativa de darte increíbles tesoros en el cielo. Vuelvo pronto, mi amada, y cuando lo haga, traeré conmigo tu recompensa. Me encanta bendecir tu vida aquí en la tierra, pero tus ojos no han visto ni tu corazón ha experimentado aún los dones de gozo eterno y la bendición que te esperan arriba. Por el momento, mi dulce princesa, haz que cada momento valga la pena, porque lo que haces hoy repercutirá por toda la eternidad. Como las ondas que se producen al arrojar una piedra en un estanque, tu arduo trabajo y tu fidelidad hacia mí se extienden mucho más allá de esta vida y durarán para siempre. Recuerda que no hay suma de dinero que pueda comprar los grandes regalos que tú abrirás cuando finalmente estemos juntos del otro lado, en la eternidad.

Con amor,
Tu Rey y tu tesoro eterno

«¡Miren que vengo pronto!
Traigo conmigo mi recompensa,
y le pagaré a cada uno
según lo que haya hecho.
Yo soy el Alfa y la Omega,
el Primero y el Último,
el Principio y el Fin».

APOCALIPSIS 22:12-13

¡Alegrémonos y regocijémonos
y démosle gloria!
Ya ha llegado el día de
las bodas del Cordero.
Su novia se ha preparado.

APOCALIPSIS 19:7

Mi Princesa,
TÚ ERES MI BELLA ESPOSA

¡*T*ú eres mi bella esposa! Viene un día en el que nos regocijaremos juntos en el cielo. ¡Ninguna boda sobre la tierra se puede comparar a la celebración que compartiremos en aquel maravilloso día! Toda novia se prepara para su boda terrenal haciendo cuanto puede para verse lo mejor posible. Las ayudantes de la novia trabajan con diligencia para lograr que todo quede perfecto antes de que ella se encuentre con el novio. Mi princesa, yo soy tu Novio celestial, y ya lo he preparado todo para ti. No te preocupes por el hecho de que tu vida no sea perfecta. En aquel glorioso día de la boda, te presentaré sin mancha y sin arruga para que todo el cielo pueda verte. Lo único que pido de ti hoy es que tu corazón sea total y completamente mío. Permite que mi fidelidad, misericordia y amor se convierta en la dulce música que llene la cámara nupcial. Tú, mi esposa, estarás cubierta con los maravillosos vestidos de mi gloria en ese día; y todas las profundidades y alturas del gozo del cielo serán tuyos.

Con amor,

Tu Rey y tu esposo

Mi Princesa,
ERES LIBRE PARA AMAR

Yo te he hecho libre para amar a otros. Así que no permitas que las personas que te causan dolor te paralicen y te priven de experimentar la alegría de amar. Sé que existen riesgos cuando entregas una parte de tu corazón, pero yo te he creado para disfrutar del regalo de las amistadas especiales. Elige con sabiduría a aquellos en los que invertirás tu tiempo y tus energías, y también dales a aquellos que amas la libertad de cometer errores. Recuerda que nadie te va a amar tan perfectamente como yo. Si tú me permites hacerme cargo de las desilusiones que cualquier relación trae aparejadas, te sentirás libre para dar y recibir amor de una manera incondicional. Recuerda, mi princesa, que lo que la mayor parte de la gente necesita más que nada es amor, aunque sea lo que menos merezca.

Con amor,
Tu Rey, que es amor

Sobre todo, ámense los unos

a los otros profundamente,

porque el amor cubre

multitud de pecados.

1 PEDRO 4:8

Mi Princesa,
ENTRÉGAME TUS PLANES

*Y*o sé que tienes una idea en mente acerca de cómo deberían desarrollarse los acontecimientos en tu vida. Aun hoy tienes tus proyectos. Porque te amo, necesito que me entregues todos tus planes para hoy y para todos tus mañanas. Si me permites que yo tenga en mis manos tus días, puedo actuar haciendo algo especial. Mi intervención te proporcionará más gozo en medio de la jornada que todas tus buenas intenciones. Conozco todo lo que tu corazón anhela, y quiero hacer más por ti de lo que tú jamás podrías hacer por ti misma. Así que dame la oportunidad de cambiar tu agenda de un programa común a un programa extraordinario; porque esa es la clase de vida a la que te he destinado, mi amada.

Con amor,
Tu Rey y tu planificador

*Pon en manos del Señor
todas tus obras,
y tus proyectos se cumplirán.*

PROVERBIOS 16:3

Mi Princesa,
YO PUEDO HACERLO TODO

*S*é lo mucho que te cuesta creer que mi poder está a tu disposición en forma personal. Lo único que puede evitar que mi poderosa mano obre en tu vida eres tú misma, mi amada. Recuerda que yo he colocado dentro de ti un poder igual al que mostré al levantar a mi hijo Jesús de los muertos. No permitas que las desilusiones o los temores del pasado te priven de pedirme lo que necesitas y de creer que mis tiempos son perfectos. Continúa buscándome con todo tu corazón y obedeciendo todo lo que yo te diga mientras esperas en mí. Quiero que sepas que yo siempre mantengo mi palabra y cumplo mis promesas. Aun cuando el mundo te decepcione, yo te volveré a levantar. Y seré leal a ti hasta el fin de los tiempos y aun más allá.

Con amor,

Tu verdadero Rey

EL SEÑOR LE RESPONDIÓ A MOISÉS:
—¿ACASO EL PODER DEL SEÑOR
ES LIMITADO? ¡PUES AHORA
VERÁS SI TE CUMPLO
O NO MI PALABRA!
NÚMEROS 11:23

Mi Princesa,
ESTÁS LIGADA A MÍ

*Y*o soy la vid (el tronco espiritual) y tú eres la hermosa rama que lleva frutos para que todos lo disfruten. Yo estoy en ti, y contigo. Estamos ligados eternamente. Nunca te sentirás sola o abandonada mientras te mantengas conectada a mí. Dondequiera estés, allí estaré yo, listo para brindarte lo que necesites en ese preciso momento. Me deleito en fluir a través de ti, mi preciosa. Nunca permitiré que se produzcan desconexiones en nuestra relación aunque intentes escaparte de mí. Mis brazos amorosos siempre estarán abiertos para recibirte en tu hogar. Recuerda que nada de lo que hagas o digas cambiará jamás mi amor por ti. Así que mantente apegada a la vid, mi amor.

Con amor,
Tu Rey y tu labrador

«Yo soy la vid

y ustedes son las ramas.

El que permanece en mí,

como yo en él, dará mucho fruto;

separados de mí

no pueden ustedes hacer nada».

JUAN 15:5

Y LES ASEGURO
QUE ESTARÉ
CON USTEDES SIEMPRE,
HASTA EL FIN DEL MUNDO.
MATEO 28:20

Mí Princesa,
NUNCA ESTÁS SOLA

*N*unca necesitarás tomarte de alguien por temor a la soledad, mi preciosa princesa. Yo estoy contigo dondequiera que vayas. Yo soy el amigo que llega cuando el mundo se aleja de ti. Te he creado para que desarrolles relaciones firmes, mi amada, y percibo tu deseo de estar cerca de alguien. Si me buscas y te acercas a mí en primer lugar, con tus deseos y tus necesidades, te elegiré buenos amigos. Y además bendeciré ricamente esas amistades. No te contentes con menos que lo mejor (que he preparado para ti), solo por llenar tu calendario con personas con las que estar y lugares a los que ir. Yo quiero llegar hasta ti primero con la realidad de mi presencia; entonces estarás lista para desarrollar verdaderas amistades, auspiciadas por mí.

Con amor,

Tu Rey y tu mejor amigo

Mi Princesa,
PERMÍTEME ABRIR TUS OJOS ESPIRITUALES

Ven a mí ahora mismo, y permíteme abrir tus ojos espirituales como lo hice con el siervo de Eliseo cuando un temible ejército los asediaba. Con esos ojos espirituales él pudo ver las huestes de mis guerreros celestiales y los carros de fuego que estaban allí para protegerlo. Tú eres aquella a quien he elegido, y te prometo que te protegeré si te mueves en fe en medio de tus batallas cotidianas. No olvides que el enemigo invisible de tu alma intentará hacer que tropieces, así que permíteme ser tus ojos cuando no puedes ver. Y recuerda que «el que está en ustedes es más poderoso que el que está en el mundo» (1 Juan 4:4). Yo soy ese. Yo soy el que pelea por ti. Aun cuando te sientas como si estuvieras en medio de una guerra, la batalla no es tuya: es mía. Así que permíteme abrirte los ojos de la fe y verás que la victoria ya está ganada.

Con amor,

Tu Rey, y el que te da la vista

Porque nuestra lucha

no es contra seres humanos,

sino contra poderes,

contra autoridades,

contra potestades que dominan

este mundo de tinieblas,

contra fuerzas espirituales

malignas

en las regiones celestiales.

EFESIOS 6:12

Y la paz de Dios,

que sobrepasa todo

entendimiento,

cuidará sus corazones

y sus pensamientos

en Cristo Jesús.

FILIPENSES 4:7

Mi Princesa,
GUARDA TU MENTE

*Y*o quiero que fijes tu mente en mí, amada. Pero deseo aún más que eso de ti. Anhelo grandes cosas para ti, por eso quiero que guardes tu mente, que hagas a conciencia una lista de todo lo que miras, escuchas y lees. Permíteme mostrarte las cosas que pueden alejarte de tu llamado y anular tu dedicación a mí. Aun tus pensamientos pueden ser llevados cautivos por las ideas del mundo. Yo quiero protegerte, nunca te obligaré a escuchar a mi Espíritu ni te forzaré a detenerte en lo que es puro, justo y verdadero. La elección debe ser tuya, mi amada. Puedes llevar una vida abundante, bendecida, que influencie a otros a seguir tu ejemplo, o puedes unirte al estilo del mundo. Yo, tu Dios, te pido hoy que dejes que tu mente habite en mí, y descubrirás allí la clase de vida que has anhelado disfrutar, no solo para el presente sino por la eternidad.

Con amor,

Tu Rey, y el que pone paz en tu mente

«¡Quién sabe si no has llegado

al trono precisamente

para un momento como este!»

ESTER 4:14

Mi Princesa,
TE SOSTENDRÉ

Te he levantado hasta un lugar en el que puedes cumplir un gran propósito, pero habrá muchos que no comprendan la posición en la que te he puesto. Aun es posible que tú misma no te des cuenta de la razón por la que te he puesto estratégicamente allí *en un tiempo como este*. Te sentirás tentada a buscar la aprobación de los demás, perdiendo de ese modo un tiempo precioso intentando defender los planes que he puesto en tu corazón. Recuerda, yo soy el Señor tu Dios. Tú no me elegiste a mí… ¡yo te elegí a ti! Te levantaré por encima de toda circunstancia que se oponga a mi propósito divino para tu vida. La única persona que puede detener mi obra milagrosa en ti y a través de ti, eres tú misma. Así que, en lugar de hacer ningún plan más, entrégame todos tus proyectos por completo, y permíteme acabar la obra que he comenzado en ti.

Con amor,

Tu Rey y el divino propósito de tu vida

Mi Princesa,
ORA CON PODER

$\mathcal{M}$i poderosa princesa, no desperdicies el transcurrir de tu vida hoy. Abre tus ojos espirituales. Para todo se necesita la oración. Yo puedo ordenar tus pasos (y de hecho lo haré) dondequiera que vayas hoy, si tan solo me lo permites. Ora mientras conduces tu automóvil, mientras cocinas, y mientras lavas la ropa o haces tus diligencias. De todas las armas que existen en el mundo, la oración es el recurso más poderoso que tienes. No permitas que el día comience o acabe sin que tus oraciones pavimenten tu camino para facilitar todas tu acciones. Dondequiera que vayas, recuerda que una parte de tus prerrogativas reales es elevar tu voz al cielo. Así que aférrate a las promesas que son tuyas, ¡y ora!

Con amor,

Tu Rey y el que intercede por ti

 OREN EN EL ESPÍRITU EN TODO MOMENTO,
CON PETICIONES Y RUEGOS.
MANTÉNGANSE ALERTA
Y PERSEVEREN EN ORACIÓN
POR TODOS LOS SANTOS.
EFESIOS 6:18

Mi Princesa,
PERMÍTEME CONSTRUIR UNA
VERDADERA AMISTAD PARA TI

Quiero que busques una verdadera amiga; pero no cualquier amiga. Encuentra alguien que te ayude a sacar lo mejor de tu interior: una amiga que sea un regalo de mi parte para ti. Amada, lleva tiempo construir una base sólida para una verdadera amistad, así que elige tus herramientas con sabiduría. La primera herramienta que necesitarás es la *transparencia*, o sea la habilidad de ver, una dentro del corazón de la otra, tanto los puntos fuertes como las debilidades. La siguiente herramienta es la *verdad*. Yo soy el camino, la verdad, y la vida para ti. Descubrirás que la verdadera amistad tiene sus recompensas cuando comiencen a hablar la verdad la una con la otra, y a decirse palabras de aliento y edificación. Finalmente, la amistad necesita ser sellada por el *amor*, y rodeada por la *oración*. Recuerda, mi princesa, puedes convertirte en la clase de amiga que te gustaría tener.

Con amor,

Tu Rey y verdadero amigo

Hay amigos que llevan

a la ruina,

y hay amigos más fieles

que un hermano.

PROVERBIOS 18:24

Mi Princesa,
YO TE HARÉ LIBRE

*Y*o, tu Rey, estoy a la puerta de tu corazón y llamo. He visto que estás encerrada en tu propio lugar de sufrimiento, pero no voy a entrar a la fuerza allí. Continuaré esperando pacientemente afuera hasta que estés lista para dejarme entrar. Anhelo tomarte en mis brazos, secar tus lágrimas, y alentarte tiernamente con mi amor y mi verdad. Continuaré golpeando a la puerta aun cuando hagas oídos sordos. No dejaré de llamarte desde fuera de tu prisión de dolor. No tienes que responderme, pero no me daré por vencido porque te amo. Y sé del clamor de tu corazón por recibir esa sanidad completa que solo yo puedo dar. No es demasiado tarde, mi princesa. Hoy puedes abrir la puerta del cuarto en penumbras, que es de tu corazón, y permitirme entrar. Como una tibia luz o una brisa suave, te renovaré y restauraré tu alma.

Con amor,
Tu Rey, y tu llave a la libertad

*Mira que estoy
a la puerta y llamo.
Si alguno oye mi voz
y abre la puerta,
entraré, y cenaré con él,
y él conmigo.*

APOCALIPSIS 3:20

Mi Princesa,
TÚ HAS SIDO SALVADA
POR GRACIA

No seas tan dura contigo misma, mi amada. Veo tu corazón lleno de frustración. Sé que te debates en una lucha constante entre tu carne y tu espíritu. No te des por vencida en el intento de vivir por fe, por causa de tus debilidades. ¿Acaso no sabes que nada de lo que hagas en tus propias fuerzas va a permanecer? Te doy gracia cuando equivocas el camino y te doy fortaleza justo cuando la necesitas. Estoy aquí esperando para enderezar lo torcido y para sanar todas tus heridas. Las batallas que peleas en tu mente me pertenecen, así que no pierdas más tiempo destruyéndote. Yo te amo sin que importe lo que hayas hecho o dicho. Pero dame la oportunidad de mostrarte quién eres cuando te rindes a mí. Permíteme hacerte el regalo de mi gracia. Recuerda que has sido recubierta con mi perdón desde el Calvario; ahora sal a la libertad, deja tu pasado atrás, y abre el regalo que te hago al darte un nuevo comienzo.

Con amor,

Tu Rey y la gracia de tu vida

Pues todos han pecado
y están privados de la gloria
de Dios, pero por su gracia son
justificados gratuitamente
mediante la redención que
Cristo Jesús efectuó.

ROMANOS 3:23-24

Mi Princesa,
TIENES QUE DESCANSAR

*S*é que a menudo te sientes débil. Te escucho clamar sinceramente por más fuerzas para lograr llegar al fin de cada día. Tú, mi princesa cansada, debes confiarme tus muchas preocupaciones y responsabilidades. Descansa cuando te digo que lo hagas. Yo soy tu Padre celestial, y sé lo que mi niña necesita. Así que escucha a aquel que te ama más que nadie y sabe todo de ti. Yo quiero que des un paso de fe separando un día a la semana para descansar de tus muchos trabajos. Si me obedeces en esto, te multiplicaré el tiempo y vigorizaré sobrenaturalmente tus esfuerzos por lograr acabar con todo lo que debes hacer en los días que sigan. Recibe con beneplácito esta oportunidad de darle a tu mente, cuerpo y espíritu un descanso. ¡Considéralo un regalo de amor para ti y relájate en mí!

Con amor,

Tu Rey y tu lugar de reposo

«VENGAN A MÍ TODOS USTEDES
QUE ESTÁN CANSADOS Y AGOBIADOS,
Y YO LES DARÉ DESCANSO».
MATEO 11:28

Mi Princesa,
TU TIEMPO ES VALIOSO

*E*l tiempo que te he dado es de importancia eterna. Tu vida cuenta; el bien más valioso que puedes brindarle a alguien, o a algo, es dedicarle tiempo. Recuerda, hija del rey, que quiero que todas tus citas y encuentros sean dentro de mi perfecta voluntad. No todo lo que te parece una buena oportunidad viene de mí. Ten en cuenta, amada, que puede haber muchas maneras de ganar más dinero, pero que nunca podrás volver a comprar el tiempo que se ha ido. Así que invierte tu tiempo con sabiduría. Piensa en lo que haces y en la manera en que gastas tu preciosa vida. ¿Tus días están llenos de aquellas cosas que más te interesan? Hoy es el momento de ejercer control sobre tu agenda y vivir una vida significativa. Si te sientas a mi lado, te ayudaré a quitar las cosas que te están impidiendo hacer lo que resulta más necesario en esta época de tu vida. Nunca el tiempo es inapropiado para hacer lo correcto, así que acércate a mí y experimenta el buen resultado que se logra bajo la conducción divina.

Con amor,
Tu Rey y el que maneja el cronómetro eterno

Que aprendan los nuestros

a empeñarse en hacer

buenas obras.

TITO 3:14

Mi Princesa,
TÚ ERES UN VASO DE HONRA

*Y*o soy el maestro alfarero, y tú eres el barro. Sé que tu deseo es ser formada por mí, para ser usada por mí. Para eso te cree: para ser un vaso de honra. Deseo llenarte de mi amor, de mi esperanza, de mis bendiciones, y derramarte sobre el mundo para apagar su sed. Aun en esos días en que te sientes quebrantada y vacía, puedo usarte, en tanto que te tomes fuertemente de mi mano. Te he elegido porque has visto tus propias mellas e imperfecciones y me has entregado cada uno de esos trozos quebrados. Nadie puede convertirse en un vaso de honra mientras se quede sentado, bello y erguido, y lleno hasta el tope de orgullo y autosuficiencia. No temas vaciarte de ti misma y de lo que te parece valioso; y permíteme llenarte de aquello que es de incalculable valor. Déjame sostenerte. Permíteme inundarte. Déjame derramar mis bendiciones a través de ti, y experimentarás el gozo desbordante de ser un vaso para mi honra.

Con amor,

Tu Rey y tu Creador

Si alguien se mantiene limpio,

llegará a ser un vaso noble,

santificado, útil para el Señor

y preparado para

toda obra buena.

2 TIMOTEO 2:21

Le pido que, por medio del
Espíritu, y con el poder que
procede de sus gloriosas riquezas,
los fortalezca a ustedes en lo
íntimo de su ser.

EFESIOS 3:16

Mi Princesa,
PUEDO GUARDARTE DE LA CAÍDA

Quiero hacer más por ti que simplemente librarte del mal. Quiero librar tu corazón del deseo de pecar. Cuando eres tentada, toma autoridad sobre el mal y proclama mis palabras liberadoras en voz alta; descubrirás que mi poder es más grande que el del enemigo de tu alma. Yo soy tu poder, tu seguridad. Puedo mantenerte en el camino de la vida eterna sin permitir que nada destruya mi perfecta voluntad para ti. Te he separado con un propósito mayor que cualquier placer que este mundo tenga para ofrecerte. Así que clama a mí antes de deslizarte y caer en la trampa, y yo te ayudaré a escapar. Búscame y yo te daré el poder para prevalecer. Cuanto más saborees mis bondades, menos ansias sentirás de entregarte a las tentaciones temporales. Yo soy fuerte en cada una de tus debilidades, y te daré la fortaleza para atravesar cualquier situación, o para alejarte de ella. Ahora levántate, ve en mi nombre, y déjame ayudarte a vivir una vida equilibrada.

Con amor,

Tu Rey y el que te guarda

Mi Princesa,
QUIERO QUE TENGAS
CONTENTAMIENTO

*T*e di mi paz cuando me permitiste entrar en tu vida. Es posible, mi princesa, disfrutar de la vida con una mente llena de paz y con el corazón lleno de contentamiento. Tienes mucho hacia donde dirigir tu mirada proyectándote hacia el futuro, hacia el momento en que te establezcas en el hogar celestial conmigo. Pero por el momento, debes recordar que nada de lo que compres o colecciones llenará tu espíritu o calmará tu alma del modo en que yo puedo hacerlo. Viniste al mundo sin nada, y lo dejarás del mismo modo. Permíteme hacer mucho más que simplemente darte los buenos dones que esta vida puede ofrecerte. Te proveeré un lugar de paz, decorado con deleites y lleno de aquellos recuerdos que te son más apreciados y bienvenidos que cualquier otra cosa que el mundo tenga para ofrecerte. Así que permíteme ser tu tesoro, y yo te daré una vida rica que te resultará más hermosa que todo lo que el dinero puede comprar.

Con amor,

Tu Rey y tu contentamiento

Sé lo que es vivir en la pobreza,
y lo que es vivir en la
abundancia.
He aprendido a vivir en todas
y cada una de las circunstancias,
tanto a quedar saciado
como a pasar hambre,
a tener de sobra como
a sufrir escasez.
Todo lo puedo en Cristo
que me fortalece.

FILIPENSES 4:12-13

Mi Princesa,
TEN PASIÓN POR MI PALABRA

*Q*uiero que tengas pasión en tu corazón por mí y por mi Palabra escrita. Te aseguro que cuanto más leas mi Palabra, más vas a desearme. No permitas que nada ni nadie te robe el tiempo que dedicas a estar conmigo. Hija mía, yo sé que me amas, pero a menudo te encuentro buscando en muchas otras fuentes y no en mí. Es mi Palabra la que te permitirá vivir con una sabiduría sobrenatural. Es mi Palabra la que te da claridad para saber quién eres y cuánto te amo. Entiendo que hay muchas cosas para ver y hacer en el presente, pero nada te concederá las bendiciones o la seguridad que encontrarás en la carta de amor que he escrito para ti: mi Palabra. Abre tu Biblia hoy, y deja que me revele a ti de una manera muy real y cercana. Todo el tiempo que pases conmigo te será multiplicado a través de mi poderosa mano, así que acércate a mí y yo me acercaré a ti.

Con amor,

Tu Rey, y la palabra de vida

*Tu palabra es
una lámpara a mis pies;
es una luz
en mi sendero.*

SALMO 119:105

Mi Princesa,
GUÍA A LOS PERDIDOS

*Y*o habito en ti y contigo. Porque mi poder está en tu vida, tienes la capacidad de mostrarles el camino a todos los que necesitan encontrarme. Pero no podrás descubrir mi poder ni completar tu llamado si intentas edificar tu vida sobre tus propios logros. Tu has sido seleccionada por mí para refrescar a un mundo que anda a la deriva en medio de una tierra seca y sedienta. Hay muchos que están perdidos y se sienten muy solos. Sus copas están vacías y también sus almas. Así que permíteme llenarte de mi Espíritu, amada a quien he designado; te mostraré cómo llevarles el agua de vida y cómo conducirlos al verdadero amor que anhelan. Yo abriré un camino por el cual puedas guiarlos hasta mí. Y porque me has amado y seguido, serás la persona a la que ellos le agradezcan cuando lleguen al otro lado de la eternidad, por haberles mostrado el camino al cielo.

Con amor,
Tu Rey que te refresca y te guía

Para mostrar en los tiempos

venideros la incomparable

riqueza de su gracia,

que por su bondad derramó

sobre nosotros en Cristo Jesús.

EFESIOS 2:7

Mi Princesa,
PÍDEME LO QUE QUIERAS

*Y*o soy todopoderoso, y estoy preparándote para algo muy significativo dentro de mi plan eterno. No temas soñar en grande a raíz de las desilusiones del pasado. Recuerda que no fue tu fe en mí lo que falló sino tu fe en otra gente lo que te ocasionó el dolor de los sueños rotos. Yo soy tu Rey, y puedo hacer cualquier cosa que pidas en mi nombre. El rey David comenzó siendo un jovencito pastor, pero tuvo una fe lo suficientemente grande como para poder matar un gigante. Soy tan real hoy en ti como lo fui entonces. Así que pídeme, obedéceme y búscame con todo tu corazón, mente y fuerzas. Y entonces observa la forma en que mis promesas se cumplen en mis tiempos perfectos.

Con amor
Tu Rey y la respuesta a todo

Lo que pidan en mi nombre,

yo lo haré.

JUAN 14:14

Mi Princesa,
CONFIÉSAME TUS PECADOS

Me gusta cuando vienes a mí a confesar tu pecado. Yo soy tu lugar seguro y tu salvación. Hija mía, no
hay nada que puedas decirme que yo no sepa manejar al escucharlo. Yo conozco de antemano cada uno
de tus pensamientos, actos y motivaciones, así que
¿para qué perder aunque tan solo fuera un momento, intentando esconder algún pecado de mí? Juntos,
hagamos esto bien: Permíteme hacerme cargo de las
cosas que te estorban para llevar la vida bendecida
que deseas. Yo siempre estoy dispuesto a llevar nue-
vamente tu alma a un lugar de paz y volverte tan
blanca como la nieve. Por favor, ven a mí con la verdad y sé transparente con tu Salvador, aquel que ama
tu alma. Hablemos, y permíteme sacar de encima de
ti el peso de tu pecado. Ven a mí en confesión y yo te
lavaré y te dejaré limpia. ¡Y tu mente, cuerpo y espíritu conocerán mi total sanidad!

Con amor,

Tu Rey y tu Salvador, el que murió por ti

Pero te confesé mi pecado,

y no te oculté mi maldad.

Me dije: «Voy a confesar

mis transgresiones

al SEÑOR, y tú perdonaste

mi maldad y mi pecado».

SALMO 32:5

*P*or lo tanto,
si alguno está en Cristo,
es una nueva creación.
¡Lo viejo ha pasado,
ha llegado ya lo nuevo!

2 CORINTIOS 5:17

Mi Princesa,
ERES UNA NUEVA CRIATURA

*T*ú eres mi preciosa hija, y ahora que mi Espíritu vive dentro de ti, deseo enseñarte quién eres. Permíteme comenzar definiendo lo que no eres, mi amada. Ya no eres más esclava del pecado. Ya no estás más bajo el poder de Satanás. Ya ni siquiera te perteneces porque yo te compré a precio de mi vida.

Como tu Padre, te pido que establezcas patrones más altos para ti. Suelta esos viejos hábitos que te impiden convertirte en una nueva persona. No puedo llevarte al siguiente nivel de fe hasta que estés dispuesta a aceptar mis instrucciones. Así como cuando le pedí a Abraham que dejara su zona de comodidad y fuera a un territorio que no le resultaba conocido, del mismo modo te estoy conduciendo lejos de tu antigua vida. Entonces te invito a entrar en mi presencia y recibir mi poder para la transformación de tu vida.

Con amor,

Tu Rey, el que te da nueva vida

Mi Princesa,
YO HARÉ LO QUE SEA
MEJOR PARA TI

*Y*o sé lo que es mejor para ti, y nada sucede sin mi conocimiento. Veo tu desilusión cuando las cosas no ocurren en tu vida de la manera en que has imaginado. Pero si solo pudieras levantar tus ojos al cielo y ver cómo se mueve mi mano con un propósito eterno, llegarías a entender mejor las cosas. No te olvides de que tu vida aquí es temporaria. En otras palabras, mi amada, todavía no has llegado a tu hogar. Pero por ahora deseo que me confíes tus desencantos, y que me permitas convertir tu sufrimiento en una pasión por perseverar. Espera en mí, mi amada. ¡No te des por vencida! Más bien, entrégate a mí y al perfecto plan que tengo para ti, sabiendo que solo deseo lo mejor para ti.

Con amor,
Tu Rey y el Padre que verdaderamente sabe más

El Señor es quien te cuida,

el Señor es tu sombra

protectora.

SALMO 121:5

Mí Princesa,
YO TE HE APARTADO

*T*e he llamado y te he reservado, del mismo modo en que llamé a los que vinieron antes de ti. Sé que este llamado a veces implica un alto costo a pagar, pero la recompensa eterna es de incalculable valor y está más allá de toda comparación. Del mismo modo en que lo hice con la reina Ester, te he dado la capacidad de caminar de una manera tal que todos noten que eres posesión divina. Algunos te admirarán por tu dedicación a mí, y otros desearán que fracases, en lugar de seguir tu conducción. Tú puedes caer porque no eres perfecta, pero tus errores son capaces de convertirse en los tutores que te hagan más sabia. No te sientas bajo la presión de ser perfecta. Yo soy el único que te puede perfeccionar, mi princesa. Todo lo que te pido es que me permitas apartarte para mí, de modo que te pueda usar como testigo para que el mundo vea.

Con amor,

Tu Rey, el que te aparta para sí

«Antes de formarte en el vientre,

ya te había elegido;

antes de que nacieras,

ya te había apartado,

te había nombrado profeta

para las naciones».

JEREMÍAS 1:5

Mi Princesa,
ESTÁ BIEN LLORAR

Veo lo mucho que te esfuerzas por intentar manejar tu corazón, y sé que deseas vivir sin dolor interior y sin sufrimientos. Te pido que des un paso más cerca de tu Padre celestial: clama a mí cuando estés sufriendo. Permíteme sanarte. ¿Recuerdas a mi elegido, el rey David? Él clamó a mí en medio de sus temores, desilusiones y pecado, y yo le respondí. Tú también has sido elegida por mí, y eres mi hija, así que está bien que llores. Yo no espero que simules que el dolor no es real. La verdad y las lágrimas son las que te llevarán a la libertad que yo quiero que conozcas. Ahora suelta esa parte de tu corazón que solo yo puedo sanar. Permite que tu papá celestial te abrace mientras lloras.

Con amor,

Tu Rey y el que seca todas tus lágrimas

EL QUE CON LÁGRIMAS SIEMBRA,
CON REGOCIJO COSECHA.
SALMO 126:5

Mi Princesa,
DAME EL CONTROL

*Y*o soy tu Rey y el que gobierna sobre todas las cosas. Cuando sopla el viento y las olas golpean contra los costados de tu bote salvavidas, permíteme guiarte hacia una zona segura. No solo soy el capitán de tu barco. También soy el que puede controlar la tormenta. Sé que te gustaría sentir que estás en control de la situación aferrándote al timón con todas tus fuerzas; pero soy yo el que te tiene a ti y a tu futuro bajo control. ¿Quién te conoce mejor que yo? No quiero que continúes agotándote al intentar reconstruir tu vida después de un nuevo naufragio. Yo soy aquel que toma lo que se ha roto y lo reconstruye, dejándolo mejor de lo que estaba antes. Así que, entrégame de nuevo tu vida. Yo te calmaré en medio de la tormenta, o aquietaré las aguas agitadas: ¡de cualquiera de las dos maneras, estarás a salvo conmigo!

Con amor,

Tu Rey, el que calma la tempestad

Los discípulos fueron

a despertarlo.

—¡Maestro, Maestro, nos

vamos a ahogar!—gritaron.

Él se levantó y reprendió al

viento y a las olas; la tormenta se

apaciguó y todo quedó tranquilo.

LUCAS 8:24

Mi Princesa,
ENTRÉGATE

Veo la manera en que te brindas a la gente. Amo tu corazón y la forma en que extiendes una mano de ayuda a los que están en necesidad. Descubrirás la verdadera fuente de serenidad y gozo cada vez que salgas de ti y entregues tu vida por mí. Yo quiero que recuerdes que nunca darás más allá de mis recursos, amada. Todo lo que hagas o digas para el avance de mi Reino se te recompensará abundantemente. Ahora ve y entrega tus dones de tiempo y amor a un mundo que necesita desesperadamente un toque de mi parte a través de ti.

Con amor,
Tu Rey y el dador de la vida

Les aseguro que cualquiera
que les dé un vaso de agua
en mi nombre
por ser ustedes de Cristo
no perderá su recompensa.

MARCOS 9:41

Mi Princesa,
CONSIDERA EL COSTO

*Y*o he dado todo por ti, mi amada. Me di a mí mismo y morí en la cruz por ti. Tu preciosa alma valía todo eso. Cuando clamé a mi Padre en los cielos diciendo «perdónalos, porque no saben lo que hacen», me refería a ti también. Sé la manera en que la vida te presenta desafíos diariamente, y también conozco que a veces te cuesta percibir mi presencia en esos días tan llenos de tensiones. Pero piensa en esto, hija mía: Si consideras el maravilloso cielo que he preparado con todo amor para ti, podrás decir que sin lugar a dudas vale la pena pagar el precio de vivir tu vida para mí. Mi Reino es algo en lo que seguramente conviene invertir. Recuerda, amada, que te he puesto aquí según mis planes divinos, así que antes de que te entregues a algo o a alguien, estima el costo que eso tiene, ¡porque tú eres de incalculable valor!

Con amor,

Tu Rey, el que pagó el precio por ti

Tal rescate es muy costoso;

ningún pago es suficiente.

SALMO 49:8

Mi Princesa,
SÉ GENUINA CONMIGO

Yo te considero bella y preciosa. No necesitas fingir que eres algo distinto de lo que yo te he destinado a ser. No quiero que trates de impresionarme haciendo de cuenta que todo se desarrolla perfectamente en tu vida, amada. Yo quiero que descubras la gran libertad de ser genuina conmigo. Cuanto más sincera seas, mejor te vas a relacionar con los demás. No finjas más, mi princesa. Te amo así como eres, y deseo que seas auténtica conmigo en todo lo que hagas y digas. Yo di mi vida por ti, para que tú puedas vivir libre de ti misma. No permitas que nadie te robe el gozo al convertirte en una falsificación. Sé honesta contigo misma y sé auténtica conmigo, porque yo amo lo que tú eres en realidad.

Con amor,
Tu verdadero Rey

AHORA BIEN, EL SEÑOR ES EL ESPÍRITU;
Y DONDE ESTÁ EL ESPÍRITU DEL SEÑOR,
ALLÍ HAY LIBERTAD.
2 CORINTIOS 3:17

EVITEN TODA
CONVERSACIÓN OBSCENA.
POR EL CONTRARIO,
QUE SUS PALABRAS
CONTRIBUYAN
A LA NECESARIA
EDIFICACIÓN
Y SEAN DE BENDICIÓN
PARA QUIENES
ESCUCHAN.

EFESIOS 4:29

Mi Princesa,
CUIDA TU LENGUA

*R*ecuerda, amada, que tu lengua tiene el poder de dar vida o muerte. Cada día enfrentarás la posibilidad de hablar acerca de otros. Yo te pido que me permitas tomar control de tus conversaciones. Cuando te sientas tentada a entregarte a la murmuración, ora. Yo soy el único que puede domar tu lengua. Sé lo difícil que es pensar antes de hablar, pero te ayudaré. Quiero que seas cuidadosa con respecto a las personas a las que escuchas y a las conversaciones de las que participas. La relación social con las personas equivocadas y el tomar parte de conversaciones triviales o de rumores dañinos puede llevarte a perder amistades y costarte tu reputación. Yo estoy dispuesto a escuchar todo lo que te preocupa sobre otros. Así que habla conmigo primero, y yo te daré palabras de sabiduría, que me traigan gloria, para edificar a los demás.

Con amor,

Tu Rey, y el que purifica tu lengua

«Olviden las cosas de antaño,

ya no vivan en el pasado.

¡Voy a hacer algo nuevo!

ISAÍAS 43:18

Mi Princesa,
LIBÉRATE DE LA CULPA

*T*odos han pecado y están destituidos de mi gloria, así que, ¿por qué no te perdonas cuando caes? ¿No sabes, acaso, que yo te levantaré cuando clames a mí y te arrepientas? No hay cosa mala o errada que pueda evitar que yo, mi amada, te redima y regrese tu vida a la condición de realeza. Lee mi Palabra, amada; muchos de mis elegidos cometieron errores. Así como les di a cada uno de ellos la posibilidad de empezar de nuevo, haré lo mismo contigo. Este es un día nuevo, y yo estoy listo para hacer algo nuevo en ti. Ahora, libérate de la culpa y confía en mí, que yo me encargaré de lo que está mal. Mira como te convierto en la persona que te he llamado a ser. Yo soy el Dios de las segundas oportunidades, ¡y mi misericordia dura para siempre!

Con amor,
Tu Rey, el que quita tu culpa

Mi Princesa,
ESTABLECE TUS LÍMITES

Ven a mí, preciosa, cuando sientas que estás fuera de control o sobrecargada. Quiero llevarte a un lugar donde puedas estar en calma y reflexionar sobre tu vida. No te llamé a ser todo para todos. Tú te has colocado encima esa demanda. Aun mi Hijo Jesús tuvo que alejarse de las demandas de la multitud y encontrar alivio en la soledad conmigo, en la intimidad. Anotemos juntos lo que realmente es más importante para ti, de manera que podamos establecer límites para preservar la paz de tu mente y el propósito de tu vida. Yo aun establecí límites alrededor del poderoso océano. Es bueno que puedas tomar control sobre tu valioso tiempo y darte cuenta de que es bueno decir NO. Esa simple palabra te librará, te sacará de una vida llena de presiones y te conducirá a un lugar de asombrosa paz y control.

Con amor,
Tu Rey, que conoce cuáles son tus límites

*E*ndereza las sendas
por donde andas;
allana todos tus caminos.
No te desvíes ni a diestra
ni a siniestra;
apártate de la maldad.
PROVERBIOS 4:26-27

Mi Princesa,
VE ADONDE TE ENVÍE

$\mathcal{T}$ú me buscas para descubrir tu lugar en el mundo, y mi respuesta es que se encuentra en el mismo lugar en el que tú estás. Me encanta oírte orar diciendo que quieres ser usada por mí. Nada me agrada más que esos momentos en que tu amor fluye libre y cálidamente. Cuando estés dispuesta, yo estoy listo para colocarte estratégicamente donde puedas ser de bendición. Aun el más mínimo esfuerzo puede levantar el peso que lleva otra persona cuando vives en mi poder. No siempre entenderás por qué te envío a hacer cosas que ningún otro comprende. Pero tú no trabajas para otros; trabajas para mí. Lo que haces ahora será apreciado por todos del otro lado de la eternidad. Así que ve donde yo te envíe hoy, sabiendo que he preparado ese camino para tí .

Con amor,

Tu Rey, que es el camino

POR LO TANTO, MIS QUERIDOS HERMANOS,
MANTÉNGANSE
FIRMES E INCONMOVIBLES, PROGRESANDO
SIEMPRE
EN LA OBRA DEL SEÑOR, CONSCIENTES DE QUE
SU TRABAJO EN EL SEÑOR NO ES EN VANO.
1 CORINTIOS 15:58

Mi Princesa,
CUIDA TU TEMPLO

Mi amada, tú eres mi especial tesoro. Eres el templo de mi realeza, y yo, tu Rey, moro en ti. Te he creado para ser un lugar santo y real en el que more mi Espíritu. Yo quiero que seas un ejemplo glorioso y brillante de la obra de mis manos que el mundo entero pueda ver. Aunque tu Rey eterno reside en ti, aun así tu cuerpo necesita descanso. Tómate un tiempo para ti especialmente; tu salud mental y espiritual dependen de eso. No eres egoísta al hacerlo, así que no permitas que otros te lleven a sentirte culpable por tomar esa decisión. Mi princesa, tú y yo trabajaremos en completa armonía, con un propósito divino y una comisión real, para tocar el corazón de aquellos que te rodean. En tus tiempos de quietud, mi preciosa, ven a mi presencia, y permíteme renovar tu templo con mi fortaleza espiritual. Yo encuentro gran placer en darte todo lo que necesitas.

Con amor,

Tu Rey y el que cuida de ti

*¿No saben que ustedes son templo
de Dios y que el Espíritu de Dios habita
en ustedes? Si alguno destruye el templo
de Dios, él mismo será destruido por
Dios; porque el templo de Dios
es sagrado, y ustedes son ese templo.*

1 CORINTIOS 3:16-17

Mi Princesa,
EL AMOR NO ES UN JUEGO

*E*scúchame, mi princesa. El amor no es un juego, es un don. Yo sé que existen aquellos que no se preocupan sinceramente por tus emociones, pero yo te digo que tu corazón es de un valor incalculable. Reflexiona acerca de tus relaciones, tú que tienes un rango real. ¿A quiénes estás dejando entrar en la esfera privada de tu mundo? ¿Te acercan esas personas más a mí, o debilitan tu fe y te alejan de mí? Yo di mi vida para que tú pudieras ser libre. No quiero que quedes atrapada en el «juego de las relaciones» para lograr la aprobación de la gente. Si eliges participar de esos juegos, perderás todo lo que tengo para ti. Yo soy tu Padre, y sé qué es lo más adecuado para mi hija. Tómate de mí y suéltate de aquellos que te dañan. Entonces estarás libre del poder que ejercen sobre ti, y adquirirás la sabiduría necesaria para descubrir cómo debe ser una relación duradera y real.

Con amor,

Tu Rey, el que te ha comprado

Ustedes no son sus

propios dueños;

fueron comprados por un precio.

Por tanto,

honren con su cuerpo a Dios.

I CORINTIOS 6:19-20

Mi Princesa,
ACEPTA A LOS DEMÁS

Tú, mi princesa especial, debes ser una persona especial para ti principalmente. La manera en que piensas y los talentos que tienes son un don de mi parte. No te di ese regalo para que te compares con otros o para que los condenes. ¡Nadie es igual a ti! Quiero que mires a tu alrededor y veas la forma en que he embellecido el mundo colocando diferentes tipos de personas. La gloria de mi creación se ve en los detalles y en las diferencias. La belleza de las relaciones se halla precisamente en un encuentro de los distintos dones y temperamentos en armonía. Tu finalidad no es moldear a otros para que sean como tú, sino ayudarlos a abrir sus propios dones, al aceptarlos a ellos del mismo modo en que yo te he aceptado a ti. Recuerda, mi hermosa princesa, que te he dado el talento de poder alcanzar y tocar a otros, y no de destruirlos.

Con amor,

Tu Rey y tu don supremo

Ahora bien, hay diversos dones,

pero un mismo Espíritu.

1 CORINTIOS 12:4

Mi Princesa,
TÚ ERES MI OBRA MAESTRA

*Y*o amo lo que he creado. ¡Me deleito en ti! Nunca te sientas insegura por pensar en todo lo que no eres, porque yo te he hecho a mi imagen y tu singularidad es un regalo de mi parte. Yo no te he dado una vida, mi amor, para que te reduzcas y acomodes a un molde hecho por el hombre. Tú eres de linaje real, pero no lo descubrirás mirándote en el espejo. Permíteme ser tu espejo, y yo te devolveré la imagen de tu verdadera belleza. Cuanto más me mires, más podrás apreciar la habilidad con que obro en ti. Cuanto más pronto logres verte como quien eres en realidad, más rápidamente podrás comenzar a reinar con un verdadero propósito como mi valiosa princesa.

Con amor,
Tu Rey y Creador

*P*orque somos hechura de Dios,
creados en Cristo Jesús
para buenas obras,
las cuales Dios dispuso
de antemano
a fin de que las pongamos
en práctica.

EFESIOS 2:10

EN FIN, QUE CONOZCAN
ESE AMOR
QUE SOBREPASA NUESTRO
CONOCIMIENTO,
PARA QUE SEAN LLENOS
DE LA PLENITUD DE DIOS.

EFESIOS 3:19

Mi Princesa,
TE AMO DE UN MODO
INDESCRIPTIBLE

No hay palabras para expresar cuánto te amo. Por esa razón extendí mis brazos de amor y morí por ti. Yo sé que a veces no sientes que eres digna de ser amada, pero tú no tienes que ganarte mi afecto. Te amo muchísimo. Tú eres mi creación. No quiero que jamás dudes de mi compromiso contigo.

Yo soy el que ama tu alma, así que permíteme cubrir cada una de tus necesidades. Deseo liberarte de la búsqueda de un falso amor en lugares equivocados. Permíteme sostener tu corazón y llenarlo de amor eterno. Entonces sentirás mi presencia santa y tu amor será para mí.

Con amor,
Tu Rey que no puede dejar de amarte

Mi Princesa,
TIENES UN HOGAR
EN EL CIELO

¿*S*abías que he preparado un hogar para ti en el cielo? Es más bello de lo que jamás podrías imaginar. Ni tus ojos han visto ni tus oídos han escuchado nada semejante a la belleza majestuosa que te espera. Pero por ahora, mi amada a quien he elegido, necesito que aprendas a mirar tu vida desde una perspectiva eterna. Cuando entres al cielo, no tendrás la posibilidad de llevarte nada de tu hogar en la tierra. Estás aquí solo para transmitirles a otros las noticias de mi salvación, que transforma las vidas. No te dediques a coleccionar cosas; colecciona personas. Te he llamado para que traigas a otros hasta mí. Recuerda que nadie se acercará más a mí por ver tus posesiones. Diles lo mucho que los amo. Necesitan conocer acerca de mis maravillosos planes para sus vidas y sobre el reino eterno que también espera por ellos.

Con amor,

Tu Rey y aquel que te edifica para la eternidad

«NINGÚN OJO HA VISTO,
NINGÚN OÍDO HA ESCUCHADO,
NINGUNA MENTE HUMANA HA CONCEBIDO
LO QUE DIOS HA PREPARADO
PARA QUIENES LO AMAN».
1 CORINTIOS 2:9

Mi Princesa,
TÚ ERES MI DELEITE

*M*e produce un gran placer ver florecer tu belleza interior dentro de ti y observar cómo vas creciendo en mí. Me deleito en cada momento que pasamos juntos. Me deleito en darte lo que deseas en tu corazón. Me deleito en escuchar cuando clamas a mí. Nunca sientas que no eres importante para mí. No existe razón alguna para que te sientas insegura de mi amor. Siempre estoy a la espera de que te deleites en mí y en mi amor. Me complace bendecirte ricamente. No busques que ningún otro satisfaga tus más profundos anhelos y necesidades, porque solo acabarás vacía y decepcionada. Solo yo puedo convertir tus lágrimas en alegría y llenar el vacío de tu corazón. Así que deléitate en mí, y llevarás una vida de plenitud porque tú eres mi deleite.

Con amor,
Tu Rey y el Señor del deleite eterno

El Señor afirma los pasos del hombre
cuando le agrada su modo de vivir.

SALMO 37:23

Mi Princesa,
BÚSCAME

*T*e esperaré aunque deba esperar largamente. No hay nada que me complazca más que el que tú, mi princesa, me busques. Como viajero solitario que intenta hallar abrigo de la tormenta, ven a mí. Reconfórtate bajo mi techo. Encuentra seguridad dentro de mis paredes. Permíteme ser tu lugar de refugio. Para eso te he creado. No fuiste hecha para andar vagando sola por las calles frías y solitarias de la vida. Así que búscame por la mañana, y durante el día hasta que caiga la noche. Dedícate a buscarme con todo tu corazón. Cuando lo hagas, encontrarás más que abrigo. Hallarás un lugar en el que puedes despojarte de todas tu cargas para descansar. También descubrirás que yo te he estado buscando todo el tiempo.

Con amor,
Tu Rey y tu refugio

Una sola cosa le pido al SEÑOR,

y es lo único que persigo:

habitar en la casa del SEÑOR

todos los días de mi vida.

SALMO 27:4

*Pero ustedes, así como
sobresalen en todo
—en fe, en palabras, en conocimiento, en
dedicación y en su amor hacia nosotros—,
procuren también sobresalir
en esta gracia de dar.*

2 CORINTIOS 8:7

Mi Princesa,
ESFUÉRZATE POR LOGRAR
LA EXCELENCIA

*Y*o te he elegido para establecer un patrón de excelencia. Mira a tu alrededor, mi amada. Muchos no encuentran un ejemplo de lo que es la excelencia. Tú fuiste creada para vivir una vida que exhiba los patrones más altos de mi Espíritu, combinados con tu deseo de ser lo mejor y hacer lo mejor. Eso tiene la sorprendente capacidad de inspirar a otros a liberarse de la mediocridad. Juntos los alentaremos a dar pasos hacia una vida de abundantes bendiciones y de entrega generosa. Acércate a mí cada día, y permíteme levantarte a un nivel de excelencia que solo es posible en la esfera de lo sobrenatural. No quiero que te desgastes intentando fortalecerte tú misma. Recuerda que estoy dispuesto a equiparte con el poder y la pasión que te permitan lograr una vida de excelencia, y tengo el poder para hacerlo.

Con amor,

Tu generoso Rey

Por sobre todas las cosas

cuida tu corazón,

porque de él mana la vida.

PROVERBIOS 4:23

Mi Princesa,
GUARDA TU CORAZÓN

*S*i yo te entregara una frágil niña recién nacida, sé que la protegerías con tu propia vida. Tus brazos serían fuertes, tus pies seguros, y tus ojos se mantendrían vigilantes. Sé cuidadosa, tú, en quien confío, pues he colocado dentro de ti algo tan precioso y delicado como esa niña. Es tu corazón, tu misma vida. Valóralo. Protégelo. Vela por él con todas tus fuerzas. Porque el mundo y sus placeres son como secuestradores que no se detienen ante nada, para robarme tu corazón y destruirlo. Yo deseo lo mejor para ti. Mi valorada hija, y a pesar de que a veces sientas que los placeres pecaminosos de este mundo no parecen dañinos, ellos te separarán de mí. De la misma manera en que un recién nacido se halla indefenso si no se le brinda un cuidado amoroso, también tú sufrirás si tu corazón es alejado de mí. Así que te pido que guardes tu corazón y que te apegues a mí, la fuente de tu vida.

Con amor,

Tu Rey y el que te da la vida

Mi Princesa,
SERÁS RECORDADA POR
SIEMPRE

¡*T*u vida es un tesoro que bendecirá a los hijos de tus hijos! Yo te he elegido, mi princesa para labrar un futuro para las generaciones que seguirán tu ejemplo. Recuerda que son tus elecciones, tu carácter, tu amor y tu obediencia a mí lo que vivirá en la memoria de ellos, mucho tiempo después de que te hayas ido de este mundo. Mi Espíritu continuará proveyendo guía y esperanza a todos los que te hayan visto vivir en consecuencia con tu llamado. Yo he cubierto todo con mi sangre y te he limpiado de todo pecado. Quiero que encuentres gozo y un propósito al descubrir que no solo te he llamado a ti. Quiero transmitirte este gran honor para que lo pases a otros. Si tu caminas conmigo, el modelo de tu vida será más que un mero recuerdo; se convertirá en una marca indeleble en el corazón y en la vida de aquellos que te hayan amado. Aun los hijos de sus hijos serán bendecidos a causa de que tú me has amado.

Con amor,

Tu Rey, que es tu futuro

Dichoso el que teme al Señor,

el que halla gran deleite en sus

mandamientos.

Sus hijos dominarán el país;

la descendencia de los justos

será bendecida.

En su casa habrá abundantes

riquezas, y para siempre

permanecerá su justicia.

SALMO 112:1-3

«YO SOY EL ALFA Y LA OMEGA,
EL PRINCIPIO Y EL FIN.
AL QUE TENGA SED LE DARÉ
A BEBER GRATUITAMENTE
DE LA FUENTE DEL AGUA DE
LA VIDA.

APOCALIPSIS 21:6

Mi Princesa,
TÚ COMIENZAS Y ACABAS
EN MÍ

*N*o necesitas preocuparte acerca de cuándo terminará tu vida, mi preciosa hija. Todo lo que necesitas saber es que tu primer aliento comenzó conmigo, y que tu último suspiro te conducirá a mi presencia. No permitas que el temor a la muerte o a la eternidad te aterrorice. Tu hoy y tu mañana están seguros en mí; he tenido tus días en mis manos desde el principio de los tiempos. Cuando acabes tu corto tiempo acá sobre la tierra y yo te llame a mi presencia, comenzará una *vida sin final* en el cielo. Pero por ahora, mi amada a quien elegí, debes vivir libre de temor. En lugar de temer, confía en mí para ayudarte a atravesar cada prueba que te encuentres en el camino. Recuerda que nada en el universo nos puede separar. Yo estoy contigo siempre, hasta el fin de los tiempos. Así que vive bien y acaba tu carrera con fortaleza, colocando tu esperanza en el día en que nos encontremos cara a cara del otro lado de la eternidad.

Con amor,

Tu Rey eterno

Pensamientos finales
DE LA AUTORA

Mi oración es que al leer estas cartas de amor hayas descubierto que el amor, el poder y las promesas del Señor son para ti. Pero no puedo dejarte cerrar este libro sin asegurarme de que conozcas al Rey personalmente. Porque simplemente leer acerca del amor de Dios no resulta suficiente para asegurarte un lugar dentro de su reino eterno. Necesitas aceptar su invitación y recibir el regalo de su Hijo Jesucristo. Me encantaría tener el privilegio de formar parte de tu coronación eterna al pedirte que repitas conmigo esta simple oración:

Amado Dios, no quiero vivir sin ti por más tiempo. Yo creo que tú has enviado a tu Hijo para morir por mí y quiero que él sea mi Señor y mi Rey. Confieso mi pecado y mi necesidad de un Salvador y acepto el don gratuito de la vida eterna. Te agradezco por escribir mi nombre en tu libro de la vida. Hago esta oración con fe en el nombre de Jesús. Amén.

Si esta es tu oración sincera, debes saber que los ángeles se están gozando, y que el Espíritu Santo del Dios viviente está ahora dentro de ti. Si no tengo el honor de encontrarme contigo durante tu reinado en esta vida, tengo la esperaza de celebrar contigo al otro lado de la eternidad.

Hasta entonces, que Dios bendiga tu caminar con él.

Con amor,

Tu hermana en Cristo, Sheri Rose

«CIERTAMENTE LES ASEGURO
QUE EL QUE OYE MI PALABRA
Y CREE AL QUE ME ENVIÓ,
TIENE VIDA ETERNA
Y NO SERÁ JUZGADO,
SINO QUE HA PASADO
DE LA MUERTE A LA VIDA».

JUAN 5:24

Me encantaría
SABER DE TI

*P*ara escribir a Sheri Rose personalmente,
o para recibir información sobre los libros
y consultar sobre su línea de joyas Su princesa
(un hermoso recordatorio de
que somos hijas del Rey),
visite su página web:
www.HisPrincess.com
o llame al 602-407-8789.